新机制

新时代下企业机制落地全案

张晓东
—著—

(全彩图解版)

中国经济出版社
CHINA ECONOMIC PUBLISHING HOUSE
·北京·

图书在版编目（CIP）数据

新机制：新时代下企业机制落地全案：全彩图解版 / 张晓东著 . — 北京：中国经济出版社，2018.9

ISBN 978-7-5136-5227-8

Ⅰ. ①新… Ⅱ. ①张… Ⅲ. ①企业管理制度 – 图解

Ⅳ. ①F272. 9-64

中国版本图书馆CIP数据核字（2018）第117166号

责任编辑　海　毅　高晓晔

责任印制　巢新强

封面设计　任燕飞设计室

出版发行　中国经济出版社

印 刷 者　北京力信诚印刷有限公司

经 销 者　各地新华书店

开　　本　710mm×1000mm　1/16

印　　张　14.5

字　　数　221 千字

版　　次　2018 年 9 月第 1 版

印　　次　2018 年 9 月第 1 次

定　　价　58.00 元

广告经营许可证　京西工商广字第 8179 号

中国经济出版社 **网址** www.economyph.com **社址** 北京市西城区百万庄北街 3 号 **邮编** 100037

本版图书如存在印装质量问题，请与本社发行中心联系调换（联系电话：010-68330607）

本书使用说明

人们不再关注你茶壶里有多少饺子，而是在乎你能倒出多少，够不够读者吃一顿。也就是说，学习不是吸收了多少，而是释放了多少。

进入学习入口，会产生九种结果，三张学习的底牌，如下图所示。

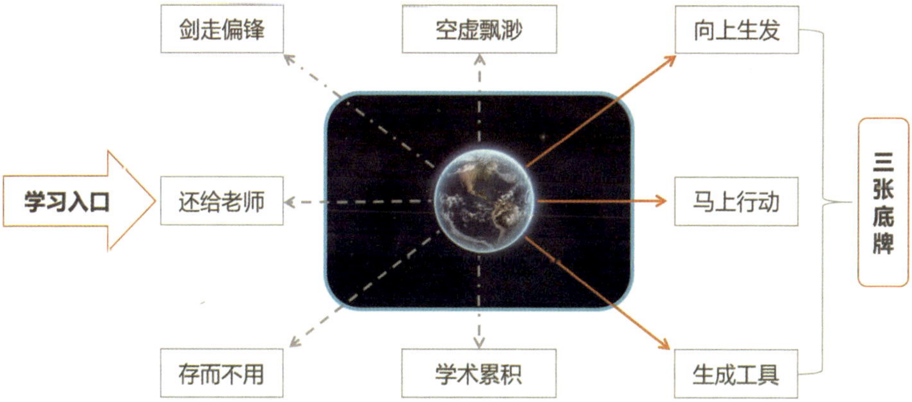

第一张底牌：马上行动

能用：“能”是本能，“用”是落地。能用是基石，基石产生结果，结果产生价值。不能用、不好用的学问都是前行的障碍。如团队是“X”出来的这句话，无论放任何一个动词，实践都不成立。团队不是带出来的，后面还有鞭策和约束。上面有引力，造梦前行；下面有托力，配置资源。四力相合，才能形成真团队，任何单一的元素都无法达成。

师用：把自我所学分享出去，即为师用。自我学习是我的物质，分享传播是师的精神。浪花的美丽怎么来的？是海水与礁石的碰撞而来的。人的成长怎么来的？是在分享中互相碰撞而成的。

妙用：学习的根本是思维的提升、梦想的升华。我们并不缺梦想，缺的是飞翔的环境。妙用就是通过学习，让思维飞翔，让行动不止。

第二张底牌：向上生发

思维结构：学习结构与著书结构正好相反。著书是正向建立框架，向下打牢地基。学习是反向消化，由器进入，再进入机制之术，导出连接之法，重构人-事-物-财之间的关系。正算者智，倒算者赢。

内容结构：心法、想法、做法、讲法，四法一体，合一而用。心法是纲领，是指导；想法是践行；做法是操作；做到出神入化，才能讲出影响力。把知道的传播出来，就是传道。

章节结构：从体验进入，体验到的就是自己的。比如读书要读出自己的风格和味道，而不是读出作者的风格。与本质相和，如同乐高玩具，拆装组合形成新事物。具体应用，以机载道，以制驭术。

第三张底牌：生成工具

凡事落地为器，才可以使用、他用、众用。

学之利器在于眼耳身意。眼之视频，耳之音频，身之践行，意之照见。以机制为例，任何单一机制无法让组织前行，让企业快速行动必须多维度、多机制、立体式套用才可以。任何单一书籍都无法解决落地问题，必须多器并行。

本书就是机制为例平行落地

※视　频

本书共计附有13段视频，手机扫一扫二维码观看。视频以推理方式呈现，均为思维的延伸、理念的深化、眼界的扩展。

※导　图

本书共计70余张导图，是思维的结晶、结构的呈现、无形有形化。例如下图的“机制车轮”，应用了车轮前行的奥秘，由四力引申出八大机制；从0进入机制，到1生发机制。

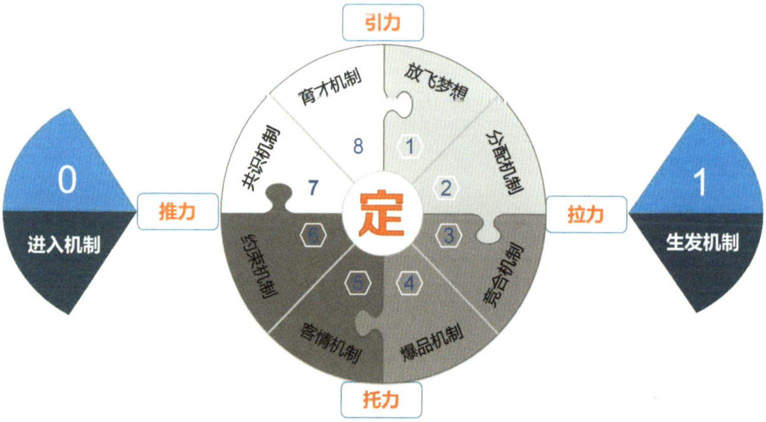

目录

Contents

第3章　分配机制　/　031

经典的分配方式：股权、期权、分红、薪酬；新时代的分配方式：未来、价值、经历、云。分配未来才能奔向未来，分配价值让大家成为发展共同体，设计经历就是设计财富，云的分配让人共享连接。

第4章　竞合机制　/　059

人生就是竞合的过程，一边竞争，一边合作。通过三大原则、六大要点、六个步骤设定PK机制；通过对赌机制、积分机制，让团队保持活力，达成目标；用反向竞争机制鞭策和警示，让团队保持变革思想，跟上未来，驱动连接。

第5章 爆品机制 / 081

好产品是连接生产者、消费者、运营者的唯一途径。通过三大体验改善产品品质，四个步骤重新建立产品与消费者之间的关系，让消费合理化。生产者通过七大维度重构产品。分析运营者三大怪象，用四品五行实现产品产业化。

第6章 客情机制 / 105

新时代的客户关系，让连接延续。剖析三种组织架构，重新构建内部合伙人关系。通过四个维度，全方位连接外部客户。化解生产者、运营者、消费者三者之间的矛盾关系，四度连接合伙人，四维连接合作者，四真连接产业，共同托起产业空间。

第7章 约束机制 / 133

通过四化形成底线思维，用约束机制修正连接，用底线思维实现物的安家、事的秩序、钱的流向、人的规矩。用目标约束人，用考核约束心，用环境约束身，形成自觉和自律，进而形成组织生产力、企业新文化。

共识是机制的开始，用机制达成共识，用共识完成机制。以会议为形，用三大类型会议解决问题；以沟通为框架，用两个通道互通心意；以信念为魂，用三大形式形成信念，呈现价值。

育才机制是固化合伙人的连接。通过九大原则、三大路线，制定晋升机制。通过胆识、学识、思维意识打开学习之门，三个双向通道制定成长路径。通过三大语境、五大要义、六大步骤，提升演说能力，教化万方，让人前行。

视频目录

（手机扫码观看）

导言
preamble

新时代 新关系 新机制 新价值

新时代三大特征：企业进入合伙人时代，人们开始觉醒并看穿商业套路，社会进入 ABC 时代。人与人重新交互，人际关系升级为人机关系，新关系缔造新价值。

新时代

改革开放 40 年，我们迎来新时代。

过去的地位、层级、人气是由关系连接的，你是谁，由你认识了谁决定。新时代的每个人都是一个节点，再由每个节点连接成网。

传统关系网正在断裂，人气正在破灭，层级正在坍塌。新时代，用新机制连接，各尽其才，各取所需，只为人们过上美好生活。

新时代的机制，就是本书的主要内容。

新时代具有以下三大特征。

1. 企业进入合伙人时代

十年前，企业需要铁打的团队；十年后，企业需要打铁的团队。铁打的团队，流水的兵，就是强平台、弱员工，一声令下，无脑执行，不要多余的想法和念头。打铁的团队，就是内强、合伙、无间的团队。内强才能打铁，内强才能合伙，内强才能无间合作。打铁的团队是有内核，层层向外影响的团队，就是四圈合作模型，如下图所示。

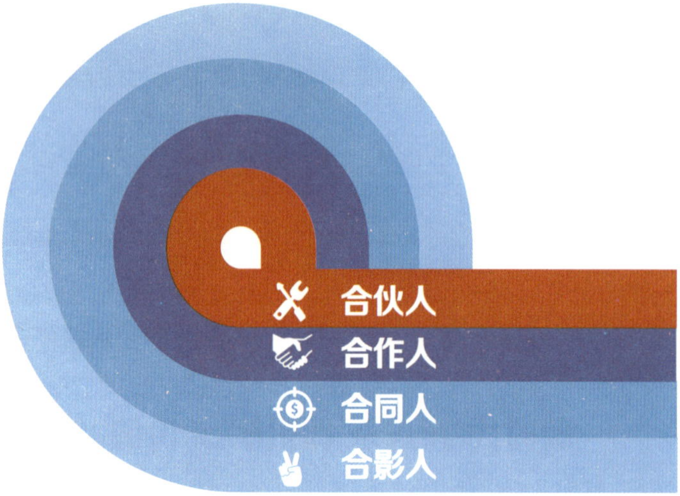

第一圈——合伙人：古代兵制十人为一“火”，即吃一锅饭，“同火”称为伙伴。合伙就是心定一处，利出一孔，每个人独当一面，每个人都具备打铁的能力，共同组建命运共同体。合伙人时代，合伙人是一种机制，而非股权制。合伙可以是公司合伙、项目合伙、产品合伙。一个人并不止是一个企业的合伙人，可能是多个企业的合伙人。

第二圈——合作人：存在于一个空间内，目标一致，方向一致，随着合作时间的推移，合作人会升级为合伙人。来到公司与你合作就是合作人，他虽未必真心认可公司理念，但可以紧密合作。

第三圈——合同人：因合同条款而存在的关系，合作时间遵照合同协议。银行网点、电信网店以及专卖店基本属于合同式合作。优秀的合同人会转为合作人，升级为网点合伙人，进而成为公司合伙人。

外围圈——合影人：某个场合暂时在一起，一起笑，一起叫，最后变成朋友圈的关系。

所以，铁打的团队终会分开，变成合影关系；而打铁的团队可以生生不息，持续运行。

2. 人们进入觉醒时代

人们已觉醒，因为社会进入了新时代。

员工已觉醒，员工不再相信老板说什么，而是看老板怎么做。老板已觉醒，以前是等一切条件具备才开始行动，现在是在行动中连接资源。客户已觉醒，不再相信“广告”，而是相信“疗效”；不会忠诚于“企业文化”，只会忠诚于“产品效果”。

觉醒的原因之一，是吃过太多亏。产品真真假假，明收暗扣，以至于信奉“吃亏是福”，期望通过“吃亏”能少点儿吃亏；觉醒的原因之二，是被套路骗得团团转，不再迷恋免费，不再关注低价，不轻易集赞，以至于信奉“傻子太多，骗子不够用”；觉醒的原因之三，是加班太多，被洗脑过度，苦中作乐，以苦为乐，以至于信奉“开会就是忽悠，鼓励就是鸡汤”。

觉醒就是从用心机到有心，心机助长了商业的歪曲，导致互欺互骗，一边繁华一边麻木。心脏结构非常简单，心机结构非常复杂。

时代让我们觉醒，让“无商不奸”的那一页彻底翻过去了。

3. 社会进入 ABC 时代

人工智能（AI）、大数据（Big Data）、云计算（Cloud Computing）是时代发展的三大技术，简称 ABC。这三者互不分隔，互相依存，重构了人与人之间的关系。

这个三要素主要应用在两个方向：硬件、软件。主要体现在两个方面：科技、黑科技。黑科技也是科技，改变着我们的日常生活和衣食住行。

衣服方面，体现在新材料与数据记录。可发热的大衣，记录行程的运动鞋，不沾水的裤子等。衣服会加载传感器，变成智能外衣。

吃的方面，体现在无化学添加，简约包装，购买便捷。从口味饮食升级到营养饮食，肉料从养殖到餐桌都是科技化完成，果蔬的生长全过程都会监控。

住的方面，体现在居家科技和科技居住。小米的智能家居都是用智能驱动，从简约操作到触摸操作再到声控操作，是人体工程的最佳体现。房屋材料科技化，自动调温而且房价会回归市场本位。

行的方面，体现在纯电力汽车。用电池取代发动机，用充电站取代加油站，用车联网取代互联网。特斯拉是新一代汽车代表，这家公司来自互联网之乡硅谷，而非汽车之城底特律。中国新一代汽车来自互联网之乡深圳，而非汽车之城长春。

汽车不止是代步工具，也是移动办公室。

以上这些是硬件科技带来的变化，软件科技带来更具颠覆性、原创性、疯长性的变化。

在 ABC 环境下，区块链算是软件中的黑科技。区块链门槛在门里，谁都可以入门，但要想真正掌握却不容易。许多书籍、文章、论坛、课程，从概念切入，反而讲复杂了。许多漫画、视频、图片，用隐喻的手法解释，没能切入内核。许多用比特币反推区块链，最终都走偏了。人们以为的四大优点（去中心化、分布式存储、数据加密、匿名）未必真是优点。区块链用技术阐述，永远讲不清。“http://”这串符号看了 20 年，能有几人说清楚？

区块链的名字，像一个生涩的冻西红柿，一吃味道一般，吃进肚子又不好消化，消化了也没什么营养，扔掉又可惜。

区块，就是数据块（block）。链，就是时间戳。本意是讲数据运算的每一步都记录下来。然后呢？学术味这么浓的词，如何平民化、普及化、应用化？这个概念到目前为止还没有讲清楚，人们暂时没有看清区块链的威力。所以，在 ABC 环境下，我们的机会还都是平等的。

要了解一个事物的外在，就必须俯视它；要了解一个事物的内在，就必须从根部往里看。要想了解天上的绚烂烟花，就必须了解药筒中火药的比例和布局。

区块链的底层思维，就是人与人、人与物、人与钱之间的关系。区块链只有附在产业链上才有实质意义，而不是依附于某些“组织”发行的“数字币”之上。

本书的立足点就是将区块链应用到新关系，从个人到公司，从产业到生态，产出新价值。

视频 1　区块链：刷新连接，加速前行

区块链不是你想的那样火，不了解四大关键与三次迭代，都会掉入火坑。扫码看视频，5 分钟为你解读区块链的内核。

新关系

人与人之间因何而聚？过去是因为各种情、各种缘、各种事，新时代是因为数据交互而聚在一起，将人际关系升级为人机关系。下图是人机关系图，包括五个重要连接。

1. 人与人的连接

人与人的连接不外乎三种方式：一是面对面方式；二是社交连接，包括微信、微博、邮件方式；三是意念连接，包括思念、冥想、挂碍等不见面的方式。

随着社交技术的发展，面对面交流在减少，人与屏幕之间的交流在增多。过去写信的开场白是“见字如面”，现在的开场白是“见面如字”。

2. 人与钱的连接

人与钱的本质是数据交换，金钱本就是数据。

我们的生命都是由数据组成的。数据是留给后人唯一的内容，我们一生的传承，除了智慧与数据，别无他物。智慧的本质也是数据。

钱的流动，主要依附于人、事、物，如金融服务、财富管理、数字金融，这是目前最大的商业。钱的流动会受到利率、利息、利差的影响，同时也有相应的“关口”在监管。这是由国家主导，让钱流通得干净透明。钱流干净透明，人际关系随之干净透明。所以，钱可以净化人际关系。

3. 人与物的连接

“物是人非，人走茶凉”说的就是人与物的关系。同样的物，因为时间不同、空间不同、角度不同，在人心目中的价值完全不同。例如佛像，在工匠眼里是“活儿”，在搬运工眼里是货，摆放在寺院里是法器，在僧侣面前是佛像，在香客跪拜之时是神像，每个阶段价值完全不同。

4. 人与机的连接

人机关系从证件开始。我们一出生就将个人信息加载到证件中。我们的一生大概有以下四类证件。

（1）身份证。现行第三代身份证，内置生物数据（指纹、血液、DNA），身份证号是唯一的 ID。

（2）特别证件。如驾驶证、护照等，人证合一才可以使用。内置人脸信息，人脸识别的精确度，起点必须是精准识别双胞胎。当可以精准识别四胞胎，人脸支付就会普及。

（3）事务型证件。如学历证、社保卡、银行卡等，可以人卡分离使用。这类证件内置芯片，完全替代了磁条卡。

（4）各类入口证件。如会员卡、超市卡、美发卡、会所卡、公交卡等。这类卡很快会淡出市场，成为数据积分卡，记录在云端，用手机替代。

以上这四类证件的进化，带动了人机关系的进化。人机关系便捷，验证就简单了，进入秒拍、秒批、秒审的时代；人机关系快捷，支付就简单了，应用在购物、旅游、吃饭、快递等；人机关系简捷，生活就简单了，我们与家居互动（试衣镜、化妆镜），与汽车互动（自动驾驶），与玩具互动（智能玩具）等。

5. 人与生态的链接

人机关系进化，人的生态得以进化。

智能越强，人越自然。回到自然生态，就会消灭价格垄断，驾驭商业。商业一直在变，生态永远不变——真心换真金，真金换真心。

人们所有沟通的终极目的都是为了形成合作，达成共识，建言献策，建立共同体。人与人之间，因事情链接，形成团队；因责任链接，形成共识；心与心链接，形成共同体。

这时会发现，区块链应该改名为“共识链”，这个词容易普及，而且容易达成共识。

新机制

人机关系进化，背后的算法机制也在进化。算法就是数据的交互，随着数据的累积，算法比人更了解人。

老婆未必真知道老公爱吃什么，但是通过订餐记录、网页浏览记录、数据流阅读倾向、朋友圈美食点赞，数据会显示他是何等的吃货；老公未必真知道老婆爱穿什么，但是通过看她的购物车，在化妆镜前徘徊的时间，购买周期，还有支付的费用，数据会显示她是哪类时尚达人；父母未必真知道孩子的愿望是什么，但是通过看他玩什么玩具，身边五个好朋友的愿望，数据会显示孩子的许多愿望，只是与同学攀比，而非真心喜欢。

所以，算法才是人性。有人会担心机器会毁灭人类，机器人的智商早就超过了人类，但机器人的智慧永远赶不上人类，不必担心。

算法要为人服务，必须符合人性，否则产品最终会付诸东海。具体要符合四个要素，如下图所示。

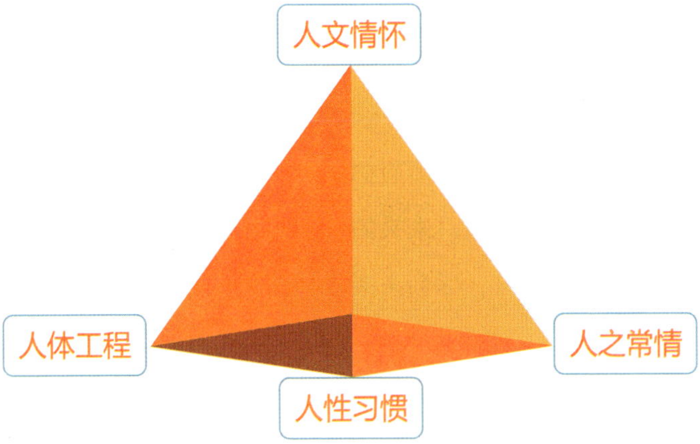

1. 人体工程，让产品快速体验

产品易用，就会赢得市场。许多铁盒罐头好吃，但难以打开，还容易割手，这就不符合人体工程。

2. 人性习惯，让产品长久畅销

产品可以让人养成良好习惯。蜂蜜柚子茶有营养，但手工制作太麻烦，太浪费时间，不符合职场人性；如果做得像果冻一样，直接用水冲开，就有机会。

3. 人之常情，让产品扩大影响

我们外出吃饭不想看厨房，是怕看了会影响胃口。当厨房对我们敞开，才发现餐饮本该这样。再如宝洁公司的产品，无论是否为了竞争，都会定期更新包装，这也是人之常情。

4. 人文情怀，让产品拥有标识

产品可以成为传承的象征、自我的标榜、个性的延伸。如百达翡丽手表、迪拜帆船酒店、香奈尔手包。再如漫威电影、阿米尔·汗参演的电影、卡梅隆执导的电影，都具有文情怀。

新价值

四大元素互相连接，数据交互时谁说了算？机制的制定，算法的公式，参照物是什么？答案就是——新价值。

所有的链接、所有的关系、所有的合伙，只为价值。全新的机制、全新的逻辑、全新的算法，只为价值。未来的商业只有两类：有价值，无价值。有价值就是构建未来，推演未来，谋划未来。无价值就是描述未来，猜想未来，畏惧未来。

单一文字已经过时，必须要视频化、数据化、动漫化才有阅读乐趣。因为人们的读书方式已经改变。单一维度已经过时，立体思维才能落地。一个思维是点子，三个思维是平面，四个思维是空间，五个思维成为系统（体系、系统、系列、矩阵）。凡是经常被推翻的东西，推倒重来的都是点子，都是没实践的事物，都是抖机灵的新概念。

道术合一已经过时，必须像剥柚子一样层层剥入，直达核心，找到生长基因，然后重新编译操作程序，应用到生活与工作中，就是本书的写作结构。看到最后一页，就知道本书的魅力了。

视频 2　导言：新时代 新关系 新价值 新机制

懂人才能成事，懂事才能做好物，好物才能生财。找到商业四大根本才可以生出价值。扫码看视频，4 分钟重新认识价值。

第1章

认识新机制

机制从人钱关系到人际关系再到人机关系，三次迭代，底层代码是建立人、钱、事、物之间的关系，让事物运行，生成约定和共识，生出契约精神。

本章教你：

夫将有勇而轻死者，有急而心速者，有贪而喜利者，有仁而不忍者，有智而心怯者，有谋而情缓者。是故勇而轻死者，可暴也；急而心速者，可久也；贪而喜利者，可遗也；仁而不忍者，可劳也；智而心怯者，可窘也；谋而情缓者，可袭也。

写这《情势》的人，自己却过劳而死。集一生精髓写出的兵法，自己却做不到，此人就是诸葛亮，史上最差的机制设定者，下面就来看他是如何制定的。

（1）授予兵权，却总是在关键时候，授以锦囊。

（2）事无大小，事必躬亲。

（3）作息时间紊乱，只有累倒，没有睡下。

（4）无传承，无弟子（仅有学生，学的只是表面功夫）。

（5）势末之时，亲临战场。

每一条都能掩盖诸葛亮所有的优势，所有的光环，所有的演义。哪怕他智谋无双，决胜千里。

滚滚长江东逝水，长江载着历朝历代的英雄，来到今天的尘世，诸葛亮式的老板，每栋写字楼里至少有一位。半夜亮着灯，制定机制，内算员工，外算客户，朝令夕改，说了不算。

半年之后，老板突然感知，我这么拼命，为何抗不住倒闭的命运？员工突然感知，为什么我们提成点越来越高，到手的钱却越来越少？

下面再剖析一些特别现象：

（1）踢足球时，为什么会“合理”冲撞，甚至不撞而倒？

（2）鬼才、怪才、英才为什么能组合在一起？靠的是什么？

（3）中国改革开放40年，有了今天的辉煌，最根本是什么变了？

（4）孙悟空能对抗10万天兵天将，为什么却总是让小妖缠住？

（5）打麻将时，为什么看到四家牌的时候就马上成为了麻神？

原来不是诸葛亮变了，而是背后的机制变了。诸葛亮的机制定在哪儿，将帅使的力就在哪儿。既然有锦囊妙计，何需操心战势变化；足球场上，疾步如风的人在禁区内，一蹭就倒，因为可以获得罚球机会。罚球的命中率，仅次于乌龙球；不按常理出牌的鬼才、怪才们，为的是一个共识，而不是谁信服谁；改革开放40年，人民改变的就是劳作为谁，分钱透明；无论是孙悟空还是麻神，打拼的方式变了，所以结果也变了。这改变的就是一个要素：机制。

十年前，财聚人散，财散人聚；五年前，股聚人散，股散人聚；新时代，连接者聚，伪连者散。老板的境界变了，团队的运行方式变了，相应的机制也变了。

过去的老板有三大愿望：

（1）利润最大化。

（2）成本最低化。

（3）员工奴役化。

要达成这“三化”需要三个必备条件，一个必备思想：

（1）军队：随时、随意定出制度。

（2）监狱：无条件辞退员工，降服不了犯人则辞退。

（3）血滴子：随意罚款，一言不合就罚款。

一个思想：封建帝王思想。

事实上，今天的许多老板还有这样的念头，而且有了更高明的办法，可以不用血滴子达成愿望。

（1）定期找讲师到公司内部培训，给员工洗脑，导入皇权思想。

（2）找财务顾问合理避税，该交的税不交，该出的钱一分不出。

（3）制定级差提成，让一部分人（嫡系与内线）先富起来，其他人永远富不起来。

这是多么天才的想法，借“外来的和尚”给员工洗脑，让员工有狼一样的冲劲，木头一样的情绪，对外12小时拼市场，对内12小时陪自己开会。但随着时间的推移，信息的推平，团队的推动，老板的高明反被高明误。

时间是发展“进化器”，无论内部如何经营，外部如何销售，终归是产品决胜。不在产品上下功夫，在培训上下功夫。不舍得在研发上投一千块，却可以为请明星代言出一千万。思维没有理顺，就想把管理做好，说是管理，其实就是用死理管人。

信息是发展“镜化器”，早上起床之前，人们都可以了解对称的信息，像镜子一样，把老板的想法照得一清二楚。那为什么还在上班？不过是互相利用罢了。

团队是发展“竞化器”，企业能走多远，就看产品在市场中的竞争力，看员工对产品的推动力。不同的团队，展现的成效完全不同。

团队有明显变化，就是因为机制在发挥作用。新旧团队的区别，主要体现在机制上。

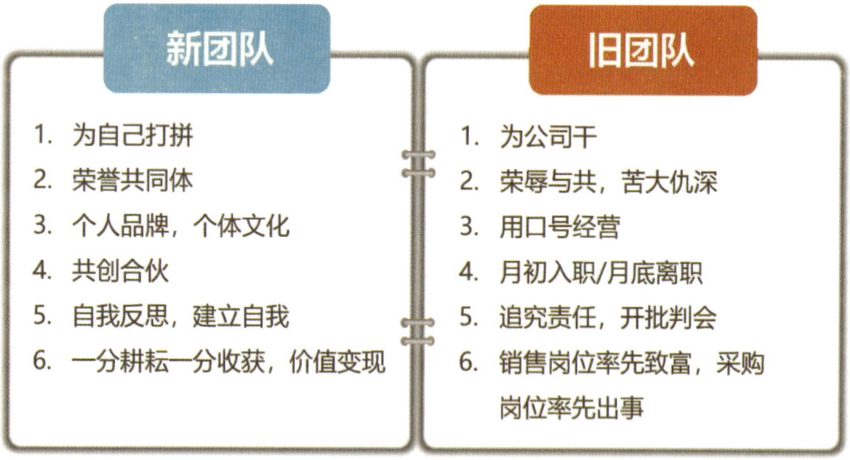

图1-1 新团队与旧团队的区别

机制究竟是什么？机制的本义，就是因机设制，是一个变量定义。丑话说前头，“丑话”就是机制；做事先约法三章，“三章”就是机制。有人称机制为“复印制度”，就是把员工复制得像老板一样的制度。

古代战争对机制有一种解释，是我认为最精准的定义。机制是用战术保证战略的机会和编制。战争有战略和战术，战术有千万条，战略只是一条，千万条战术只为保证一条战略的执行。所以，机制有两个关键点，机会和编制。战争的机会最重要，军队的编制则是打赢的关键。机会是机制的心法，编制是机制的做法。

机制运用到今天，经历了三次更迭，称为机制1.0、机制2.0、机制3.0。

1.1 机制1.0

机制1.0主要定的是人钱关系。

这是10年前的机制，以销售为中心，以钱为驱动，能赚则赚，能省则省，省钱就是赚钱。财聚人散，财散人聚。主要表现在各种提成机制，各类节俭机制，各种圈钱骗钱的套路。

这时的机制与制度概念比较模糊，人们经常混为一谈。其实两者有很大区别：

机制	制度
1. 因机设制，谁用谁制定	1. 约束和规范员工的各种规定
2. 分布化：自我管理、自我约束	2. 集权化：管住人、约束人
3. 利众主义	3. 利己主义
4. 推动人心	4. 想管人心
5. 按劳分配，按价值分配	5. 算计员工，算计客户
6. 分配经历	6. 制定职业生涯
7. 释放正能量（释放负能量）	7. 被动的正能量

图1–2 “机制”与“制度”的区别

这时的老板虽然定了制度，但时刻监督着制度，其原因主要是怕弱化了自己的地位，并非操心着机制。这时的老板营造着各种氛围，不是建设文化，而是怕控制不了员工。这时的老板无论分多少钱，分多少权，不是在建设分配文化，而是买卖交易。

1.2 机制 2.0

机制2.0主要定的是人际关系。

这是5年前的机制，以人为中心，以人为驱动，开始关注人的成长，围绕人来制定机制，这时机制才真正发挥了作用。机制定哪里，员工心就定哪里。问题出在哪里，机制就定在哪里。无论老板在不在，机制永远无处不在。

5年前，市场上第一热门词就是机制，许多书籍在市场上疯传，但都是在一个平面上讲，没有进入核心和根本。要立体学习机制，就要先造一个立体的机制魔盒。

机制的前面：

（1）企业发展是靠机制的拉动，最重要的创新是机制的创新，最大的改革是机制的改革。

（2）让操心的人先富起来，企业能发展多大，取决于有多少能操心的人。

（3）有什么样的机制，就会形成什么样的团队。

机制的后面：

（1）机制的本质是分，只有分得清楚，才能合得愉快。

（2）机制要对别人有利，才会被执行，有利才会被操心。

（3）懂得分配的人，企业发展才刚刚开始。

机制的左面：

（1）机制的终极目标是推进契约精神。

（2）机制让老板从经营事到经营人，再从经营人到经营机制。

（3）机制帮助员工建立梦想，实现梦想，成为导师。

机制的右面：

（1）机制要未战而胜，先易后难，试点运行，然后全面推开。

（2）机制操作由下而上，全员参与，体现参与感。

（3）机制意识由上而下，老板是机制原件，员工是复印件。原件不改变，复印件就无法改变。

机制的上面：

（1）机制是立法的基础，否则无法无天。

（2）机制运行一段时间，有效果即可转化为制度。

（3）员工是先做事后做人，通过事品来展示人品。机制能保证事品与人品的公平、对称。

机制的下面：

（1）机制的最终目的是要消灭机制，实现全员自动自发。

（2）机制让企业的一切优良资源、优良传统、优良作风传承下去。

（3）机制生发的思路是活的，是根据实际情况随时随地生发的。

机制魔盒的六面，每个面都是一种角度，互不冲突。每个面都可以进入内核。就像切柚子，每个地方下刀都可以吃到果肉，营养不变。

机制2.0的果肉，就是实现人的价值、企业的价值、产业的价值、社会的价值，并且让价值最大化。

1.3 机制 3.0

机制3.0主要定的是人机关系。

新时代，去中心化，企业无边界，行业边界也在消失，许多公司难以定义是什么行业，什么领域。人们的知识横跨几个领域，无法定义是什么专业。从经营企业到经营产业，从经营自家人才到经营整个行业的人才。

这时的“机制”已经无法涵盖“人机”关系，但依然用这个词来破解人、钱、事、物之间的关系，连接人、钱、事、物之间的关系。新“机”制，包含了机会、机遇、机手、机器人。

通过创世四要素，转化为四个力，交互形成八个具体机制。如同一个车轮，称之为机制车轮。车轮有三个特征，一是旋转，二是闭环，三是中轴为定，这样就确保了机制不断运行，生生不息。

机制1.0，经营人和钱的关系，为的是实现结果。这时的机制由利益相关者制定，阴招损招齐上阵，趋利避害短平快。赚钱分钱与扣钱，不管客户与员工。生产者、运营者、消费者，各自制定，各自执行，机制互相牵制，互相对立，只顾眼前的利益，不管后世与环境。用地球资源换来的辉煌，赚钱赚到手软，数钱数到心累，却没能引领下一个10年。此时，机制只为摆平内耗，没能生出机制的文化。

机制2.0，经营人和人的关系，为的是实现利润。这时的机制由全员参与制定，对内科学考核，采取动态薪酬，让部门像动车一样，每节车厢都有动力。

对外破解三方对立关系，融合三方关系，合力而行。此时，机制的制定者和使用者，日用而不知底牌，不知机制的底层代码。

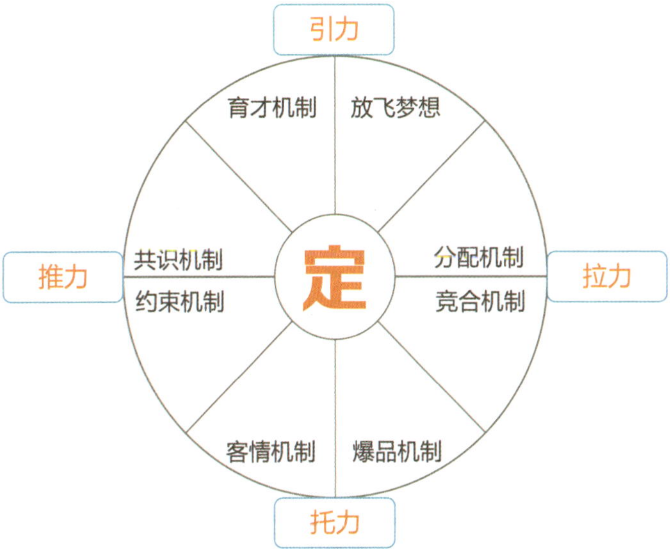

图1-3 机制车轮

机制3.0，经营人机关系，为的是实现价值。此时，机制是人与人、人与事、人与钱、人与物之间的智能关联，如区块链一样立体连接，由算法驱动，而不是人际关系、人情关系、钱权关系来驱动。线上算法连接，科学计算，数据不可更改，不可篡改。淘宝店小二曾经干扰过后台数据，此时，这个现象不复存在。线下诚信连接，谈明白的事，遵照约定，不得违约，否则有第三方约束。以后借钱不还，寸步难行。

机制3.0让人明了，企业因何而来，又去向何处。由机制生成契约精神、守约文化、共识机制，这就是真正的价值。

视频 3 进入机制：从零开始，建立连接

找到 0，才可以生 1，生 2，生 3，3 生 N 个机制，嵌套于一体使用，任何单一机制都无法驱动事物。扫码看视频，帮你找到机制核心，生发当下适用的机制。

第2章

梦想机制

梦想是机制的入口，牵引目标，升华连接。从物种到新物种，升起个人梦，孕育组织梦，把自己最拿手的事业与产业连接，形成产业价值，实现产业梦。个人梦、组织梦、产业梦的实现，需要导师和心法指引。

本章教你：

同样的事，为什么有人从容应对，有人匆忙应对？为什么有人不断挑战人类上限，上月球，上火星，探索宇宙；为什么有人不断挑战人类底线，发红包，下软件，诱导广告？

为什么做区块链的人总要自己“发行”币，总要绕过人民币，总要“去中心”？为什么颠覆式创新，都毁于“私发币”？因为顶级聪明的人，先知先觉的人，心思全用在“私发币”上了。

体验这些现象，感知到，商业的本质就是不断怂恿别人放松警惕、自己保持高度警惕的过程。比特币的事写在前面，提醒大家，凡是想绕开政府、银行的业务，这类人司马昭之心，路人皆知。这不是情商、智商、逆商的不同，而是梦想不同。

梦想是机制的入口，凡事从梦想开始，凡人也从梦想开始。凡人并非平凡，同样有不平凡的梦想。只要达到一个天时、地利、人和的情境，每个平凡的人都能实现自己伟大的梦想。

梦想是拉力和引力形成的，梦想牵引目标，不是制定梦想，所以叫放飞梦想。梦想引导人前行，目标推着人前行。

五年前我写书，写着大家要筑好自己的梦，与公司捆绑在一起，实现企业梦。五年后，我们要带着梦想上路，升起个人梦，孕育组织梦，变现产业梦，把自己最拿手的事业与产业连接，形成产业价值，实现中国梦。

个人梦、组织梦、产业梦，是人一生中的三大成长空间，而整个成长过程，需要导师梦。

2.1 个人梦

有人认为，梦想是包袱，背着它行走会非常累，要上路，就要甩开包袱，干就完了。这话的语境是什么，是心中确定了要干某件事，确定了某个方向。因为确定，干就完了。没有确定，干就“完了”。确定是一种信念，不是包袱，不是累赘，是驱动的力。

有人认为，只有赚钱才是真的，其他都是假的。钱到手再说，到不了手说个啥。这话又是什么语境，一个心怀夕阳的油腻老板，坐在茶几前，戴着金光闪闪的戒指，倒上几杯茶，对着几个刚入社会的毛头小伙进行一番人生指导。赚钱才是铁律，收钱才是王道。至于产品，有什么好说的。三个月后，员工全部换一批。

有的父母认为，孩子读好书，考好分数，就是最好的结果。梦想，是必须打压的事情。他们总是嘲笑小学生的作文，为什么总是出关于梦想主题的作文。这是什么语境，梦碎的父母，吃过好多亏，把分数当成救世的主。分数代表不了未来，学校代表不了未来，未来取决于在哪个城市读书，读完在哪个城市就业。城市才是改变人生的关键。切记不要把过去那一套加在现在，否则就会出现代沟。而现在，有了手机，代沟已经变成了鸿沟。

到底要不要有梦想？人没有梦想，那和咸鱼有什么区别？没有梦想，做事就是做事，扫地就是扫地，现在就是现在，这是深山老禅师修炼的境界，心无挂碍。但我们不是禅师，我们是在职场、家场、商场之间行走的人。没有梦想，如何前行？

有了梦想，做事还是做事，是带着心做事。扫地就是扫地，带着心扫地。做事和扫地，只是梦想的注解。哪天去深山拜会老禅师，可以谈谈我们的梦想，他一定会让你坚持梦想，而不是像他一样。

简单体验了梦想，无需强调梦想的重要性。梦想不需要标榜，不需要强调。个人梦，是人生的开始，机制的入口，价值的牵引。

深度认知梦想，找到自己的梦想，构建梦想空间，这是个人梦的轨迹。

2.1.1 深层次认知梦想

梦想确实难以讲清楚，世界各种学者，都是从不同角度诠释梦想。就像“心”很难说清楚，但“用心”很容易说清楚。梦想，只需轻轻一用，就能看到本质。

1. 梦想与幻想、理想的区别

日常生活中，这三个词也难以讲清楚，经常被混为一谈。这三个词是本体，但我们可以从使用上看出明显区别，如图2-1所示。

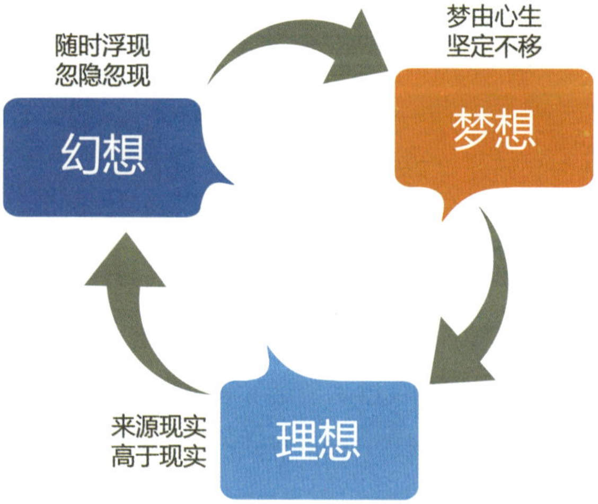

图2-1 梦想与幻想、理想的区别

幻想使用：在脑中随时形成妄念，一会又没了，一会又有新的念头。例如，幻想客户不拒绝，见面能签单，路上不堵车。

理想使用：在脑中分析发展规律，以现实为依据产生的向往。例如，考上理想的大学，选择理想的事业，嫁给理想的老公。

梦想使用：升起梦想，坚定信念，认定这个事业，毫不动摇。梦想可以升级企业文化，支撑企业文化，但幻想和理想却不行。

2. 梦想与使命、愿景、理念、价值观的区别

企业宣传中，这几个词更难讲清楚，人们也经常混为一谈。我们不需要解读学术本体的意思，只需要将其应用到企业，就可以看出区别，如图2-2所示。

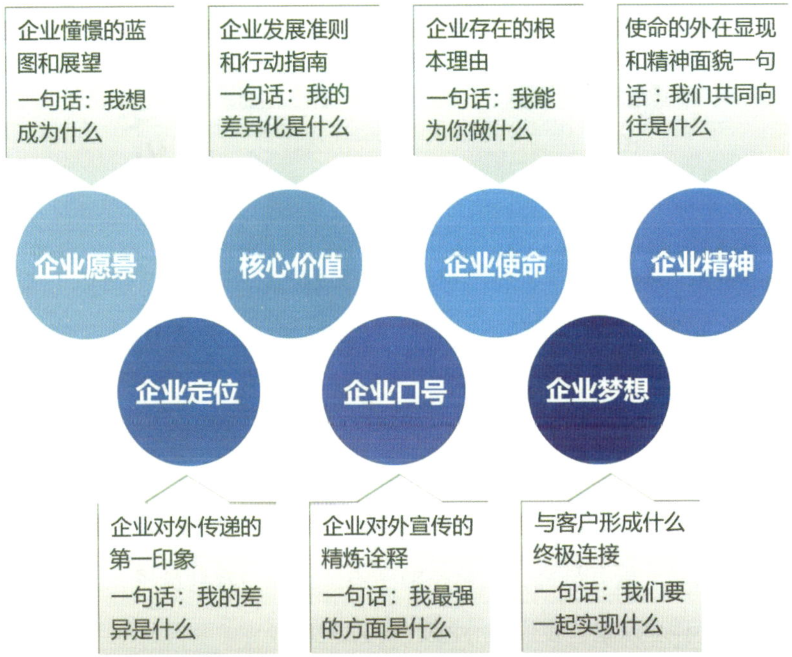

图2–2　梦想与使命、愿景、理念、价值观的区别

分清这些词的内涵，重新规划，梳理企业。企业想清楚这七个问题，企业的方向也就明确了。

对外宣传时，不需要超过四个要素，最好是用两个要素来说清楚：我未来要干什么（梦想），口号是什么（服务）。客户不会关注你企业内部有什么，只想知道企业未来如何，产品如何。

2.1.2 找到自己的梦想

梦想先天生，后天激发。许多人在路上，就忘了梦想，只记得各种坎坷。如何找回梦想，静下心，用四个步骤向内心深处推理，就能得到你想要的，如图2-3所示。

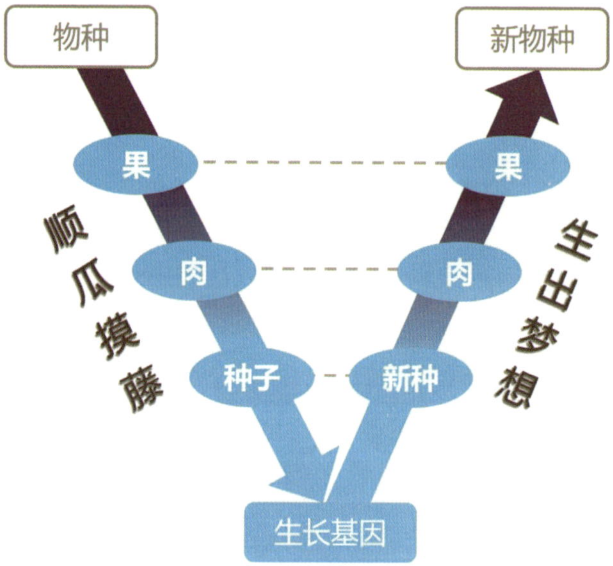

图2–3 梦想的根源

如同剥柚子，剥开外壳，然后是柚子肉，再深入看到种子，剖开种子看到生长基因，这种基因就是我们内心深处不变的梦想。

“果”就是结果，顺着现有的结果去寻找。找到“种子”，就是达成结果的起心动念，继续寻找就看到内心深处的基因，基因序列是唯一的，梦想序列是唯一的。真实面对自己，问到内心深处，就可以一步一步找到梦想。

梦想是心中一团永远不灭的火焰，像心跳一样，无需努力，无需刻意，敢于真实面对自己，就能找到。刻意的，都不是真的。

2.1.3 构建梦想空间

为什么要支起空间，就是让梦想有生长的空间。凡人都有梦想，凡人都被鄙视过，摧毁过原因就是因为没有构建一个孵化梦想的空间。空间包括四个要素，如图2-4所示。

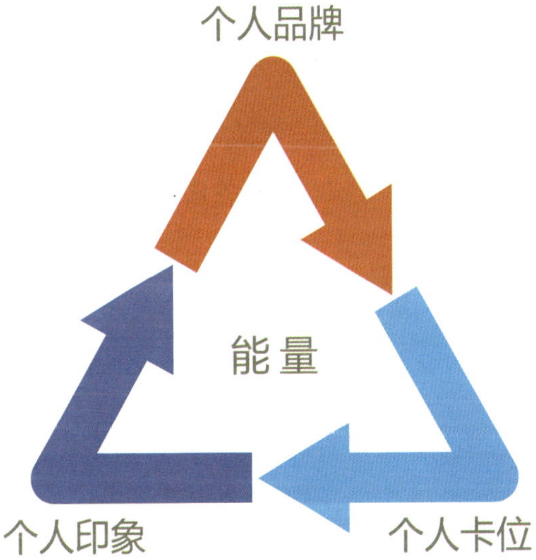

图2-4　梦想空间四要素

1. 个人能量

能量就是燃料，能量足，梦想才可以充分燃烧。小孩子体力无限，能累垮两个大人，睡上一觉体能就可以完全恢复。但大人们睡上一觉，未必能完全恢复体能，就是因为能量不足。

人生路漫漫，关键就是几步。一生有三次能量燃烧巅峰，这时就会生出梦想。第一个阶段，7岁以前启蒙教育，这个阶段小孩子只要说出梦想，90%会被父母浇灭。如同燃料潮湿，无法充分燃烧梦想，之后再也不敢提任何梦想，怕被人嘲笑。但这个阶段，会有10%的梦想继续燃烧。

第二个阶段，9~14岁精力旺盛时期。这个年龄段的孩子，每年在两个假期学习各种技能，有的班3天就不想去了，有的班第二个假期还想去，这就是用兴趣连接了梦想。许多原创的歌手，就是儿时接触了钢琴，之后将这个乐器连接了梦想，然后实现了梦想。所以，假期报班可以多报，为的是寻找可以连接的兴趣，不需要执着哪个兴趣班能做出“成绩”。只需尽情体验，就会升起伟大的梦想。例如，毕加索从小就爱画画，主动和当世名家比拼画风、画景、画价，一生也没有动摇过。迈克尔·杰克逊从小就喜欢唱歌，至死不渝。乔布斯的梦想，就是改变世界，只想给消费者心底渴望的产品，而且是消费者根本不敢想的产品。他们就是充分燃烧了梦想，并且点燃了凡人梦想。

第三个阶段，35~45岁正当英年，重新燃起自己的梦想，找回失去的梦想。第三次燃起梦想的时候，已经不在乎别人的说法，不被外界所影响，不被情绪所动摇，更不会为世俗眼光而改变。

珍惜这三次能量燃烧的阶段，找到自己的梦想。

2. 个人印象

我们有了梦想，就要思考对外要展示什么样的形象。新时代，每个人都是互联网的节点。要么展示自己，要么看别人的展示。人人都可以分享出彩的一面，无论是通过视频、游戏、文字、观点，还是通过萌照、舞蹈、唱歌、直播，这些都是印象的诠释。

个人印象用一个公式来表示，就是“你+我+他”的总和，总和才是真实的印象。因为你的印象，决定了别人对你产品的印象，甚至购买你的产品，进而连接你的产品。

一位小伙子在农村跳舞，因为产生的印象，卖掉了全村的核桃。未来，全国上千个县，上万种特产，都会通过人的印象，把产品推向全国。

平台为什么难以完成千县万物，因为人最感兴趣的还是人，而不是产品。尤其是为梦想而奋斗的匠人，他们会继承家族的手艺，继承家族梦，并且通过手机平台，连接全球的市场。但是在一线城市工作的人们，并不想接班，他们更加独立，有自己的梦想，想实现梦想。

3. 个人卡位

关于梦想的实现，主要是在职场中完成。实现梦想，先看把自己当成什么人。

把自己当成“临时工”，就会耗日子，走一步看一步，用体能交换现金；把自己当成“打工仔”，就会等待发工资，期待薪酬分配机制；把自己当成“职业经理人”，就会想着晋升，期待晋升机制；把自己当成“事业合伙人”，就会为价值而奋斗，期待育才机制，如图2-5所示。

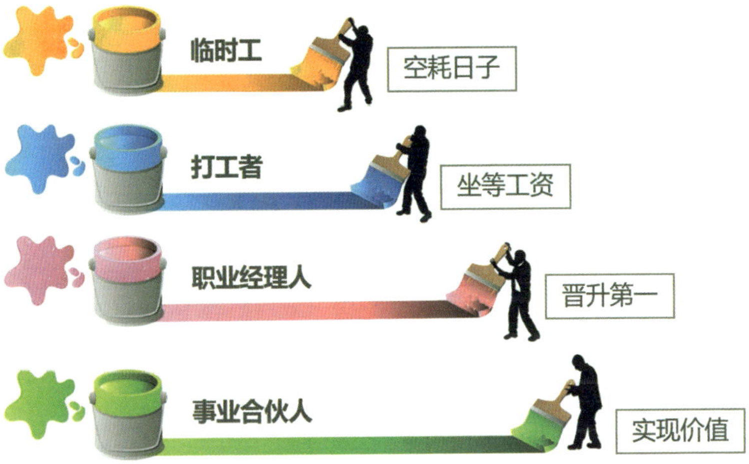

图2-5 职场中的四类人

个人用什么卡位，就会获得什么价值。工资发给日常工作的人，年薪发给承担责任的人，分红发给业绩突出的人，股权分给事业合伙人，荣誉颁给有理想抱负的人，辞退信发给空耗日子的人。

4. 个人品牌

事情决定现在你是谁，梦想决定未来你是谁。人的境界就在于梦想有多大，为谁而梦。梦想大的人影响梦想小的人，梦想小的人跟着梦想大的人一起行动，这就是梦想的力量。三生三世，梦想产生了三种力，如图2-6所示。

（1）执行力。

入世之时，必须有强大的执行力，用执行力将梦想索引到一个物理空间，一步一个脚印，为奋斗拼搏。例如高考，必须一心向着考试；创业，必须一心向着市场；研发，必须一心向着客户需求。10年前，执行力决定了梦想的前行。

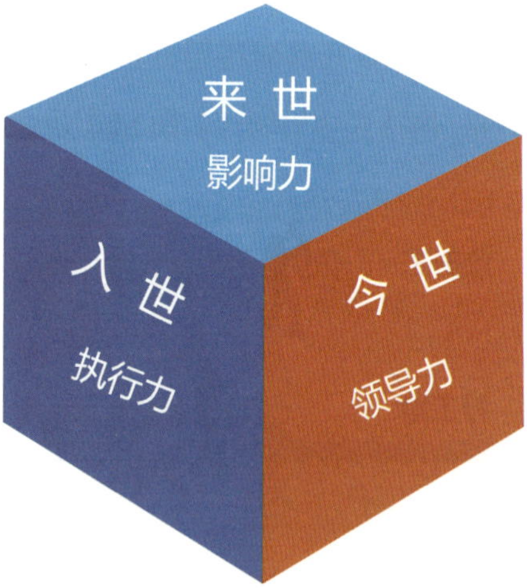

图2-6 梦想产生的三种力

（2）领导力。

这是今世的力，是获得追随的能力，是领袖带着大家一起前进。领袖就是带领大家撸起袖子加油干。现在，领导力决定了梦想的前行。

（3）影响力。

影响力是来世的力，连接的是价值和潜力，形成价值网。影响力让人发自内心，达成共识。未来的卡位，不外乎两种力，影响力和注意力。别人连接你是影响力，你被连接是注意力。这是两个相互的力，相对的力，相等的力。你能影响多少人，就能获得多少注意力。

影响力+权威，产生号召力。权威就是行业达人，号召力就是个人品牌。未来，号召力决定了梦想的前行。

2.2 组织梦

个人空间生出个人梦想。个人梦想实现，需要更大的空间，需要融入组织空间，与组织一起长大。

组织梦，是组织的驱动力。驱动力就是大家共同发力，力往一处使。组织空间就像一个蜂巢，每个人有一个空间，整体以组织之名，连接客户，服务客户，整体解决客户需求，以客户事为我事，组织梦由此形成。

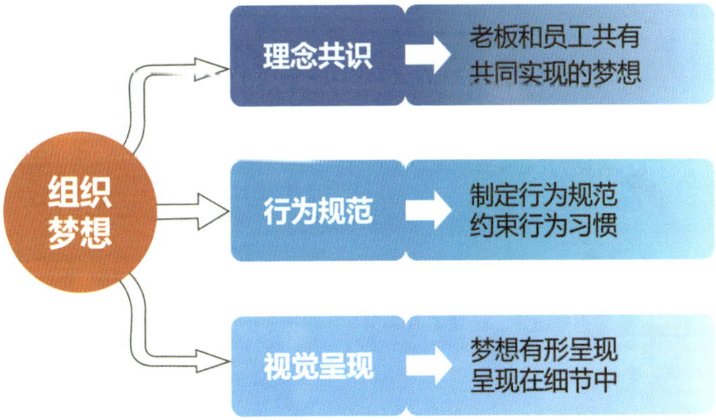

如图2–7 组织梦想的三个层面

组织梦，运行的速度取决于领导人的格局。格局小，利用员工实现他自己的梦想，借一批苦大仇深的“80后”成就了一批老板。现如今，遇上“90后”的务实青年，这批老板妄图用“梦想说辞”，说得再动听也无济于事，因为所处的角度不同。格局一般的，带领员工一起赚钱，靠灵活周转，勉强维持；格局大的，则打造平台，成为实干家。

组织梦，以组织之名，构建梦想文化，实现组织梦想，从而实现每个人的梦想。组织梦想实现，具体落地就是三个层面：理念层、行为层和视觉层，如图2-7所示。

梦想的理念层，主要体现在共识，只有在共识层面，才可以建立组织梦。行为规划，视觉呈现，都是顺带的结果。

新时代，老板必须要站在产品之前，通过个人品牌释放组织梦想，形成对外的印象。而以前，老板是藏在产品背后，才可以造出假产品、假服务、假宣传。

组织梦，就是育人梦，让人成长，让人发展，让人有房有车有前途。具体就是在做事方面，带着梦想前行，引导大家用心做事，努力实现四化，如图2-8所示。

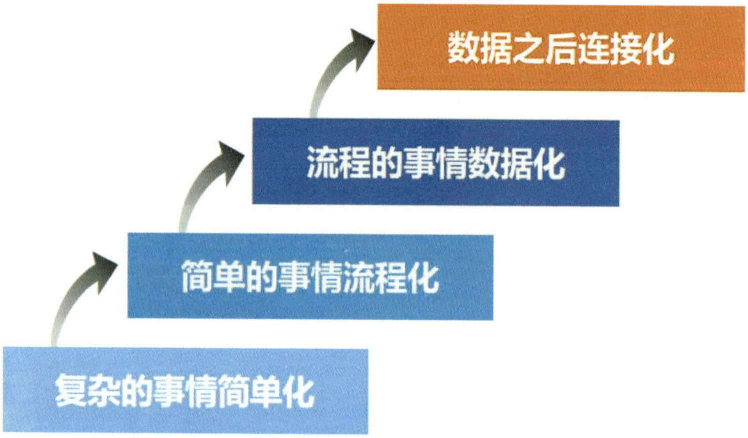

图2–8 做事四化

事情最终为了连接到产业，连接之前必须形成数据，数据是价值的直接表现。数据采集于流程，流程来自于事情本身，而事情必须简单化才可以采集。事情也只有简单化，才可以复制，就像正步走，拆解成四个步骤，半天军训就可以学会，一星期就能走出整齐的步伐了。

2.3 产业梦

组织梦，如蜂巢一样整体出行，连接客户，实现组织价值。也只有与客户连接，与外界连接，与产业连接才能实现。任何单一企业无法实现组织梦，例如，中石油、中石化，通过加油站与车辆连接；阿里巴巴、腾讯、京东、小米，通过各个APP与用户连接，形成产业。

通过产业梦，反过来实现组织梦。产业梦，就是让商业回归本位，让资本回归本位。

资本在监管下，让热钱流到该去的地方，资本不再是收割机，而是润滑剂，将产业整体连接起来。不是用比特币技术，而是区块链思维，让传统制造业拥有产业梦。就像七颗孤立的星星，连成北斗星座，这才可以存活。北斗星座与其他星系相连，就变成大熊座，这才可以上市。

连接就是重生，对抗只能往生。

产业的具体连接，首先要破解“三生三世”的矛盾。“三世”即形成个人梦的入世、现世、来世，“三生”即生产、生意、生活。通过产业梦，将三者从对立关系解脱出来，形成产业一体。

三生的入口在哪？计划经济时代，以生产为入口；市场经济时代，以生意为入口；新时代，以生活为入口。就是从消费者需求开始，有了需求，开始向生产方下订单，生产方收款后，就可以安心生产了。需要解决三个矛盾点，就是少批量生产，零碎性收款，个性化服务，必须由三方共同发力，协同完成。

图2-9 产业一体

人与物的交互，通过智能机器人、生产机器人、送货机器人完成物的流通。人与事的交互，通过智能APP完成，而智能APP可以将连接成本最小化。目前没有任何方法比手机操作更好。人与钱的交互，通过支付公司完成。传统的银行和第三方资本方，必须借此机会完成升级，变成产业投资方，获得消费数据，还有信用数据，完成自救。反过来说，银行不转型，也会是被淘汰的行业。

生产方、生意方、生活方，三方通过数据打通，形成独立运行的北斗，这是产业运转的开始。单纯一个需求，一个产品，形成闭环链接也无法上市。影视、传媒、培训、环保、健康、金融、物流、新能源、游戏、旅游、殡葬业等，唯有形成综合体系，加上资本，才可以连接成为“大熊座”，实现产业上市。

用产品连接客户共同创造价值。数据产生的价值，价值归属于产业所有人。

2.4 导师梦

个人梦，就是每个星星独立发光；组织梦，就是北斗星座；产业梦，就是大熊座；导师梦，就是将梦想连接的人。导师，就是连接梦想的人，是星座中主动发起的人。

一个人不具备所有资源，无法实现梦想，所以必须带着梦想连接到组织中，而导师就是连接的指导者。通过演讲、行动，知行合一影响人家。导师梦的心法就是“四心”，如图2-10所示。

图2–10 导师梦的心法

（1）教化之心。

演说是教化的武器。无数人前半生立梦，后半生助人圆梦，教化万方。不会表达，无法精准传递，无法描述梦想，就无法形成别人的信念。

（2）主动之心。

主动一步连接产业，连接人的生态。凡事主动，在努力的年龄去努力，在思考年龄时也别忘记主动。

（3）传播之心。

在各种场合，传递自己的信念，传达自己的信心，传送产业的信息。记得用心力去影响，而不是用喊，喊出来的是励志学问。

（4）不忘初心。

我们一路走来，不要忘了初心，丢了梦想。走进新时代，发现别人的梦想，帮助别人巩固梦想，帮助别人实现梦想，让中国梦传承下去。

用心传递梦想，就是导师的梦想。传递梦想有三张底牌，也是三个入口，简称三正法则。

（1）正能量。

正能量是点燃梦想的燃料，正能量有三个主要来源。自己积极、主动，打开心帘让阳光照进来，温暖自己的心。然后，影响身边的人积极、主动，并且帮助别人释放负能量。常规文章写讽刺与评论，高级文章写定心与能量，所以，高手连接的是能量，其他人连接的是情绪。

（2）正事。

心中有正事，行事才会敬畏，而且总觉得做不好，这就是工匠精神。反之，唐僧搞三角恋，孙悟空演成张无忌，茫茫然不知该爱谁，这就是心中没正事的人写出来的剧本。健康课上卖药品，用10个鸡蛋把老人吸引过来，然后把医疗费骗过来，这就是心中没正事做出来的行为。

（3）正向。

新时代就是正向，迈进新时代，就是正向的梦想。能把简单的事情做好就是正向之事，能把平凡的事情做好就是不平凡，能把公开、公正、公平传递出去就是公道，就是正向体验中的道。

新时代的讲师，不是讲师，而是实业家。实干之业，即是实业。实业家用真产品说话，用真服务佐证，用真人影响大家。导师的分享之路，有三个关键步骤，也是导师的做法。

（1）首先成为分享讲师，练习台风，上台不紧张，不激动，能讲清来意。就像说相声，可以参演一个节目，还未能成为台柱子；就像演电影，还没到演第二配角的阶段，更算不上票房号召力。

（2）再成为专业讲师，成为某个领域专家。就像说相声，成为台柱子，能开专场；就像演电影，可以担当主角，但票房难以保证；就像烧水，处在“响水不开”阶段。1℃与99℃本质上一样，仍需努力。

（3）最后再成为产业导师，有行业号召力，票房号召力。成为产品代言人、事业代言人、电影海报人。就像烧水，经历沸腾，归于平静人人可以饮用。

导师通过个人品牌课程对外释放梦想，影响大家，共同前行。具体有三种分享课程。

（1）私家分享课，在茶桌之间，在行走之间，在电梯之间，把事情直白简单地说出来，并且能让大家听懂，尤其能让农村的父老乡亲们听懂。

（2）讲台分享课，穿上合适的衣服，化好合适的妆容，配上自己的课件，在讲台上呈现。通过外在的衣装传递专业，通过内在的气质形成印象，通过简洁的幻灯片传递信息。

（3）线上分享课，通过声音、视频，在互联网上传递自己的知识。未来许多学习都会在手机这个小屏幕上呈现。线上分享，服务大众，但情景是对着一个人而讲的。

一个人找到了自己的梦想却完不成，必须融入组织梦，再对外连接为产业梦才可以变现，实现价值，变出现金，变成现实。导师将其中关键点连接，这样才可以圆梦。

梦想是机制的抓手，没有梦想，机制最终是一场空。放飞梦想是机制的入口，与育才一样是用引力影响人，而且都需要强大的演说心法和技巧。

梦想机制偏重传递产业，由实干家传递，讲述产业生态，帮助人们造梦、圆梦；育才机制偏重传递知识，由内部领导传递，讲组织立场的话，指导人，指引人，为人赋能。

视频 4　梦想机制：升华连接，启动未来

世间就两种人，碎梦师 VS 筑梦师。别人跟随的是你的梦想，不是你本人。“有没有梦想”比“实不实现梦想”更重要。扫码看视频，为你解读梦想牵引机制的路径。

第3章

分配机制

经典的分配方式：股权、期权、分红、薪酬；新时代的分配方式：未来、价值、经历、云。分配未来才能奔向未来，分配价值让大家成为发展共同体，设计经历就是设计财富，云的分配让人共享连接。

本章教你：

财散人聚，财聚人散。这话是否在理？是否有用？背后的思路没错，有分配才有相聚，没分配人就散伙。但“财”是否可以锁定人心？当然是不能。这是10年前的分配规则。现在，哪怕老板化身为“散财菩萨”，该留的人才留不住，不想留的人才同样也留不住。

股散人聚，股聚人散。这话是否在理，是否有用？同样的分配思路，但不管如何分配，人心依然难定。为什么？这是5年前的分配规则。现在，哪怕老板化身为“股权神君”，想要的人才依然留不住，不想留的人才勉强可以留下来。这是股权课程入口的话术，讲得很好，像套话一样，就是没有用。因为单纯的分钱，单纯的分配手段，被时代淘汰了。

许多黑马级公司，是由BAT（百度、阿里巴巴、腾讯，以下都简称为BAT）的人员离职而创造的。BAT拥有孵化人才的土壤，但人才成长后，拿了股和钱，带着BAT的光环创业去了，这是为什么？他们创业之时，还会回头与之前公司合作，尤其“云”的合作，如阿里云，腾讯云，百度云。这又是为什么？

下面来深层次体验一下分配的魔力。

（1）许多公司在初创时，没工资，没提成，没股份，不也一样拼命吗？

（2）公司在发展过程中，大家像亲人一样合作，分钱像过年一样喜庆，不也没人计较多少吗？

（3）公司在成熟过程中，引进职业经理人，将公司“合理化管理”，各种管理理论跃然纸上，此时分多少钱，给多少股，不也没人兴奋吗？

（4）公司在衰落过程中，最需要用钱的时候，人们各有各的理由，不也没有帮助公司吗？

为什么感觉说服力下降，挖人挖不动，留人不留不住？说到底，分配是人与钱、人与股单一维度的连接，无法长久。必须升级为人机关系，升级分配方式，才有希望。

新时代，新关系，新价值之下的新分配，是全新的分配机制。老四样分配机制：股权、期权、分红，薪酬，成为基础和标配。新四样，四个高配的分配机制分别是：未来、价值、经历、云。

老四样分配，是经典的分配机制，如图3-1所示，老四样分配有三大特质。

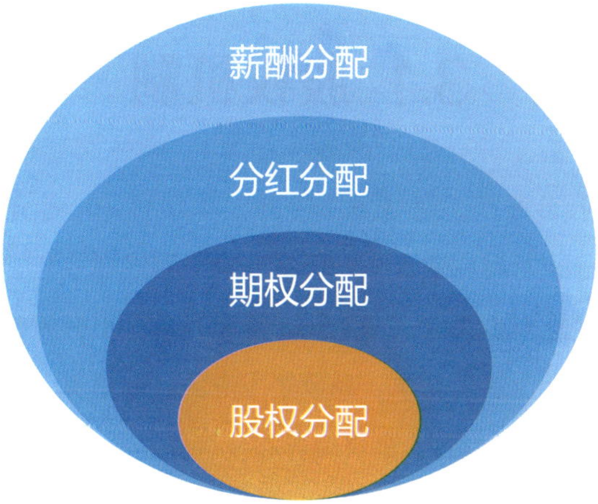

图3-1 老四样分配

特质一，这种分配方式是以老板为中心，以关系为意志的分配方式。越是内核，与老板关系越紧密；越是外围，与老板关系越疏远。

特质二，基层员工在意手中得到的，中层员工在意眼中看到的，高层在意眼界之外的。无论可见还是不可见，都是被动分配，无法形成命运共同体。

特质三，越靠近内核，分配效果越好，人员连接时间越久，操作难度越大。许多公司仅有薪酬分配，偶尔会有奖金和分红，但分红就像抽血一样，老板总是心悸。许多老板在分钱前夜失眠，第二天很和气地分钱，因为熬了一夜，实在想不出扣钱的理由，一声叹息之后，也只能大方地分钱。

以上就是老四样被定义为“过时分配”的主要原因。

3.1 股权机制

10年前，呼吁分股权，有钱舍不得分；10年后，忙着分股权，忙着学股权，却已无钱可分。时间在变迁，市场在变动，利润在变化，老板的境界没有多大的改变，都是走一步，看一步，算一步。以前分不分钱都行，现在忙着分效果却不行。民营企业发展40年，导致了今天的这种结果，其中最大的差别就是境界，境界把老板分成两种，即有境界和没境界。

有境界，分钱是必然，只是怎么分、分多少而已。有境界，总能在合适的时间分出合适的钱，不懂股权也不想懂，没签合同也不会拟合同，依然把钱分了出去。员工相信老板，钱到心，干劲到手，一起努力，成为今天的一线企业。

没境界，不分钱是必然，分钱是无奈。许多油腻老板，整天吵着分股份，把股份当梦想，吊足人们的胃口。就是不明白一个道理：大事分小股，小事分大股。他们整天在谈30%、40%的股，这样的事做成了也大不了，能分出30%，说明这事也就是三两个人的事，而这种老板现在还在重新创业。

因为境界不同，产生成四种公司，如图3-2所示。

（1）个体户。

个体户就是只能用钱连接关系，不能将人与事通过钱连在一起。这类人分钱，分多少也感觉不到公平，一分钱就分心。

个体户分配要体现实效化，应尽量以短期分配为主，以年度为单位进行分股，股份当年有效，每年签约一次。人少分的比例多一些，人多就分的少一些。因为此时，股权实在不值钱，股权当分红就可以，但激励效果是股权的感觉。哪怕是一个小店，通过股权分配，一年也可以开出十个店，然后慢慢扎根，慢慢长大。创业本就是从个体户开始的。

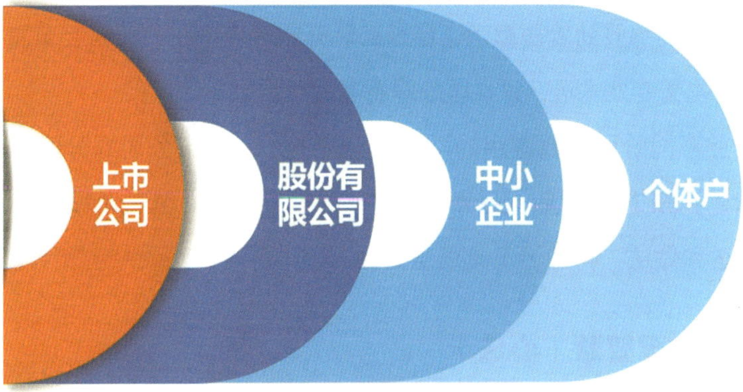

图3-2 四种类型公司

（2）中小企业。

股权要体现灵活性，有弹性、有激励性的分配，能放能收，能分能合，为下一步股权化做好伏笔，为融资留好缺口，为人才留好入口。

在股权分配期间，看清人才，看清人的行为和动机。有股和没股，人是会变化的。家族企业，总是在分股之后出问题，就是股权分得清，但心理不平衡；股权能理顺，但关系理不顺；钱流顺了，血脉却堵了。

股权面前，哪有什么家人、外人。股权分配的那一刻，哪有什么血缘关系，这不是宿命，这是自然发展的规律。

（3）股份有限公司。

股份化公司体现市场化，受业绩好坏影响，受行业趋势、炒股团、高层私心、私欲影响。通过股权让一部分人先富起来，成为标杆，其他人员渴望入股，也明白股份来之不易，这时股权分配会有加倍的意义。企业发展到这个阶段，要有分配的格局，要懂得分配的智慧。

老板一生要修炼三件事：看清合伙人，用股权看清人，看清人分股权。

（4）上市公司。

股份体现透明化，账务由第三方公司审计，同时也受社会的监督。企业到了上市的时候，股权已经成为王牌，出哪张牌都会影响全盘，手中没有王牌，可能连出牌的机会都没有。股民们也要明白，许多上市公司，只为了挂牌和套现，上市之后，奋斗的那股劲就松懈了，精神面貌开始改变了，每天西装革履，不讲乡土人情话，操着专业术语，只能眼睁睁看着股线飘绿。

在企业不同阶段需要应用的不同的分配方法，上市公司的分配并非一个章节可以阐述，知道“底牌、王牌、全盘”的思维即可。其他阶段的分配，要用心法、想法和做法，再加上工具层层落地。

3.1.1 股权分配智慧（心法）

千里之路，动力先行。绿皮车跑得快，全靠车头带；动车跑得快，是因为每节车厢都有动力。每节车厢的动力源头就是分股之人，例如，部门负责人、部门骨干。

千里之堤，毁于蚁穴。能封堵蚁穴的人或岗位，有底线约定的人，注定要有股权。例如，厨房大厨、采购、为老板管钱的人。

千里之行，始于足下。与老板同行，每个关键环节时刻都在，即掌握核心的人。例如，创始元老，没股份也难走到今天。

千里之外，无声黑白。为公司独当一面的人，不论种族，不论黑白，也不论身在何处，必须有股份。例如，环球贸易的区域负责人。

千里之海，同舟共济。对老板忠心，注定岗位平凡，注定是被忽略的职位，没有卓越能力，但没有他们真的不行。例如，行政、后勤、流水线老兵。

股份分给谁，就是以上几类人。

3.1.2 股权分配原则（想法）

先定退出原则，再定进入原则。不接受退出机制，进入股权也麻烦。

1. 股权退出原则

小偷思维：哪个窗户可能会爬进来，就会从哪个窗户爬进来。必须把可以想到的条件列为退出机制。能想到发生的事，总会发生。例如，股东的生、老、病、死、意外、情感问题等。

底线思维：由于股东不作为，不能胜任，必须成为非执行股东，防止股东倚老卖老。

主动退出：可以按逐年递减、逐年转让，股份稀释出去，逐渐隐退。

被动退出：背叛公司，必须净身出户，以1元钱把所持股份转让给公司（提前制定出背叛的底线，如出卖公司的专利技术，泄露约定之内的事，私下交易等）。

2. 股权进入原则

结果思维：画出股份蓝图，制定进入规则，凡是符合入股条件的主动吸纳。

摘桃原则：一个一个摘，成熟一个进入一个。有节奏地进入，例如，每年秋季果树“成熟之时”。

同流原则：同流才可以交心，交心才可以交互，这是入股的底线。底线之上，可以入股。

逐层原则：每个关键层都要有股东，立体成形。但必须持钱入股，交钱才会珍惜，交钱就会重视，交钱就不会骄傲。钱定在股，股定人心。

3. 签订合同事项

草莽时代，没合同也算数。信息时代，股权合同必须科学，必须经过资深律师把关，必须通过法律角度、法商角度，而且要把合同签成“活”的。

时效原则：股权会随着社会、法律、法则的变化而变化，必须时刻做出修改。

双轨运营：必须把银股和身股分开，股东职位、权利、年薪变化时，股权也要做出相应的调整。

4. 全员持股计划

员工持股计划是指公司内部员工出资认购公司的股份，委托一家公司，或成立“合伙公司”进行集中管理的产权组织形式。

合伙公司是当下趋势，但全员持股有利有弊，企业斟酌使用，通过SWOT简单分析再做参考，如图3-3所示。

图3-3 SWOT作简单分析

3.1.3 股份分配步骤（做法）

股权分配有许多方法，但心法都一样，归结一句话就是：分给对的人。

以下12个步骤是周详的操作手段，操作时可以精减，大约6个步骤就可以完成。12D钟表导图，如图3-4所示。

1. 定方向

确定公司往哪儿走，怎么走；是否要上市，是否要转型；独立上市还是抱团以产业生态方式上市，这是战略方向。

必须定心一问，是为了赚钱，还是为了成就一批人，还是只是顺势而为，走到哪儿算哪儿。方向明确是股权分配的基础。

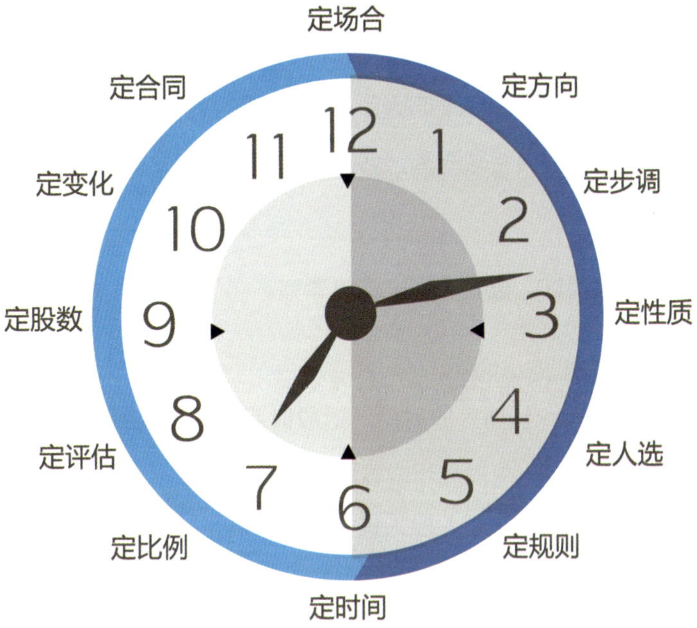

图3-4　12D股权制定导图

2. 定步调

根据公司发展阶段，确立股权分配的步调。是初创期、扩张期、发展期还是成熟期，是向上增值还是向下滑落，最好在向上增值阶段分配股权。

许多公司是在业绩下滑时，用股权作为杀手锏搏杀市场，最后尸骨无存。内部的人才决定着外部的市场，而不是外部市场决定内部发展。

3. 定性质

选对股权分配的方式，是分配原始股，还是虚拟股？是期权股，还是业绩股？是账面股，还是增值股？每种股权之间可以互相转化，但根源是原始股。

以上三步是定向，讨论清楚就开始正式操作股权了。

4. 定人选

入股有几个条件：必须是独当一面的人；必须与公司同一价值观；必须有结果；入股要有绝对的意愿，不愿意入股，不必勉强；每个层级均可入选，有些岗位负责人也只是经理级，或者没有级别，如技术骨干。

新时代，各类自媒体公司，整个公司仅有30人，但年营业额超过1个亿，入股就与职位无关，因为30人的架构，没有所谓的金字塔层级。许多制造业公司，1000多人，组织架构非常完善，这才可以用职位作为参考。

5. 定规则

入股规则，参照以上进入原则、退出原则。

6. 定时间

制作入股时间表，包括入股时间、退股时间、股权稀释时间、期权转股权的时间。具体操作时间，参照股东大会时间。

以上三步是定人，确定了入股人员，就可以确定具体的股份与比例了。

7. 定比例

定好公司未来融资、并购、重组所占的股份，未来人才预留的股份，确定好分股的比例。

可以按营业额划分比例，可以按财务报表上的利润、现金流、市盈率设计比例，这是分股的原始底线。例如，公司要分出10%的股份，这是分配的基础。

8. 定评估

将分出的10%折算成股数，并将有形资产与无形资产进行评估。有形资产容易评估，大部分设备的价值逐年减少，技术与黑科技是逐年升值。无形资产随着社会发展趋势而变化，必要时请第三方进行评估，第三方需具备权威性。

价格和额度是12个步骤中最具体、最难定的环节。许多老板敢于分配，就是卡在这一步。而许多老板在外学习股权知识，其实学的就是这个步骤，但课程上往往是一带而过，“具体问题具体解决”，大多数还只是在讲分配的理念。

9. 定股数

这一步同样具体，确定好分配的股数，然后确定每股多少人民币。股数定好，开始具体分配，通常有以下三种情况。

（1）现金购买，出钱购买一定比例的股权。现金可以一次性，也可以3个月、6个月分期。

（2）半买半送，出一半现金购买定额的股份。

（3）期权转化股权，分红转化股权，工龄转化股权，功劳转化股权，心血转化股权。各种机制转化为股权。例如，积分转化，对赌转化等。

以上三步就是定股，其实就是一场数字游戏，为什么10%的股份可以分成100万份，股权的魅力就在数据的转化。

10. 定变化

股权的变化要有人情味，惊喜感，逻辑感。因为企业的组成终究是人，不要紧咬着那条“退出就以1元钱回购所有股份”，这是底线。真正操作要有柔性，有逻辑性，要考虑股权的影响力。创始元老主动退出，可以用3年逐年稀释完毕，毕竟一起打过江山。

股份还要有惊喜感，每次稀释，表面是减少了持股比例，其实价值是在增长。无论任何变化，都是稳固的利益共同体。

11. 定合同

合同是在有股权蓝图之时，就已经开始草拟的。之后每一个关键步骤，不断修改，不断完善，囊括所有变化，然后形成正式的合同，即可签约。

合同没有终极版本，就像软件在不断升级，随着公司不断发展，还会有补充合同、附加合同、修正合同，具有同等法律效应。总之，定向改变，合同就变。

12. 定场合

在半年度、年度会议上，设立一个“股权激励”环节，配上灯光、音乐、屏幕背景，还有鲜花、礼花、签约牌，营造出隆重、庄重、神圣的氛围，进行签约仪式。然后整个画面定格成照片，剪辑成视频，成为企业宣传的内容。

以上是定事，就是股权分配这个事落实到具体人身上了。

非上市公司的股权在操作时，看着钟表或手表，构想四个关键要素，即定向——定人——定股——定事，每个“定”有三个细则，一环扣一环进行操作。

3.2 期权机制

期权就是期待、期望、到达某时（期）获得的（权）益。

追求一个人，追寻一个物，追赶一件事，眼中可以看到时间节点，这个过程就是期权的过程。期是一个不远的未来，可以看见具体时期的未来，经营期权就是构建未来。有了期待，就会产生前行的动力，这个动力不输于股权。例如，开拓新市场会获得一台车子，3年后，车子归个人所有。例如，工作10年，高层3年，可获得一套房子，这就是期权。

所以，期权机制是一种未来机制，分配的就是未来。老板要什么样的未来，就激励什么样的期权。期权机制操作相对股权简单得多，落地步骤包括心法、做法、示例。

3.2.1 期权分配思维（心法）

分配现有的：现有的攻坚项目设计期权，在固定期权内分配，使项目加速，让人才把心定在项目上。期权分配到最后，还是要过渡到股权。

分配将来的：梯队思维，看谁跟我干一辈子，谁跟我干８～１０年，谁跟我干３～５年。用期权留住独当一面的人，留一年就赢一年，竞争对手没有期权，骨干两年一换，很快就会消失。

分配没有的：有则先分，无则后分。有的内容激发空间有限，无的内容激发空间无限。如梦想机制、人生机制、经历机制。没有的总想有，得不到的是最好的，没有的就是心里感知的。例如，公司上市，获得原始股。

3.2.2 期权操作步骤（做法）

期权分配的原理与股权一样，但远远没有股权那么复杂。根据股权12D法则，采用其中四定，形成期权4D法则即可。股权提及的内容不再重复。

1. 定方向

确定项目激励是否用期权，还是以奖品方式直接呈现。

2. 定项目

定出项目的人力成本、财力成本、时间成本。估算出分配的比例，小项目小评估，大项目大评估。

3. 定期物

期物三个参照，价值多就定房，价值少就买车，价值再少就送电脑。估算投入一产出比，员工需要什么就期权什么。期权一定要送保值的物品、实用物品、可回收的物品（旅游是奖励，不建议做成期权）。

4. 定合同

期权合同的严谨性，其内容比股权差一些，把期物说明白即可。主要体现法商，就是有人情味的法律。

最后选在季度或半年度项目启动大会，营造“期权仪式”，隆重签约。

3.2.3 期权分配示范

财力雄厚的公司，期权仅是其中的一条激励规则而已，没有所谓的法律合同、律师证明。说送房，达到条件就送了。说奖车，定了一批车，年会就发出来了。没有刻意造场，没有律师过目的合同，没有所谓的法律，直接以法商思维操作。

财力普通的公司，期权可以成为激励的王牌，常见的期权机制就是期车、期房，还有出国深造。例如，只奖一台车，仅有一人获得，是稀缺产品，必须精心策划。

◎ 腾讯公司期权分配：

腾讯公司2010年花10亿给员工买房。腾讯付了房子首付，员工入住。员工如果离职，房子就不是你的，但你却为公司交了月供。腾讯把人才留住，人才也享受了有房子的生活。这是腾讯的魄力和高招，借分房应对了互联网竞争。

房子期权：

上海陆家嘴的某公司，购置一套别墅给总经理居住，30年后房子正式过户给总经理。同时购买一批房子，给高管居住，20年后房子正式过户给高管个人。

事实上，30年房贷也还清了，但房子首付需要在上海奋斗至少5年，只要提前入住，心就会定在房子上，干劲自然定在公司的事上，这样公司的战斗力马上提升。

胖东来的车子期权：

胖东来公司给20个店长买车，干满5年，第6年车归自己，6年前离职，车归还公司。买的车是金杯，店长还经常用车装货，经常用车拉员工游玩，经常用车接大客户，而且车开6年，也到了报废期限了。但人才因此留住了，竞争对手挖人，根本没法挖。胖东来不管开店还是关店，于东来还是最用心、最有心的老板。

全员期权：

公司将分红制定成期权机制，期权时间一到，直接支付。

对于公司，年度目标达到120%以上，拿出10%分给大家。

对于销售部，两年内有20个月，目标如期达到，第二年多给年薪20%；三年中有34个月目标如期达成，则第四年多给年薪30%。

对于其他部门，干满一年的员工，发13个月的月薪。第二年按质按量完成任务，积分达标，发15个月的月薪。

一家公司10年用一人，另一家10年换5人，问哪家公司损失少？

从期权角度，干十年是十年的价值，想的是十年的事。干两年是两年的期待，想的是两年的事，相当于杀鸡取卵。

从政策角度，假如一个市长关注的是十年规划，无论引进项目，建桥修路，都会用十年的眼光和思路。如果只关注的是两年规划，那只会盯着路面挖开缝合。这与素质无关，这是眼光问题，眼光背后是期权思维。

3.3 分红机制

人人喜欢分红，人人渴望有奇遇。奇遇带来的兴奋感，不次于股权和期权。奇遇最常见的形式，就是抢红包，先不说抢到多少，只要抢到最高额度的红包，哪怕是2块钱，也会开心一笑。这种兴奋，不是2枚硬币可以带来的。所以，组织内常常设定一些奇遇式分红，可以让人在短时间内提升战斗力。奇遇就是分红的心法。分红落地成机制，具体是想法、做法和示例。

3.3.1 分配机制原则（想法）

时间原则：分红越早分越好，能在星期五分不要等到下周，能在当月分不要等到下个月。现在的收快递心理已经被京东改变了，晚一天收货，就会对产品产生失落感。

牛眼原则：过去老农耕地，会给牛戴上两个“竹筒眼镜”，防止牛看到其他地方的草而分心。分红让员工眼中有草，就不会分心，从而只专注眼前，干劲十足。

红包原则：人人都可以发起红包，无论抢红包，还是发红包，都有喜悦感，都有兴奋感。红包就是分红的情景呈现，同样，人人都可以发起分红，激发团队。

3.3.2 分红机制步骤（做法）

股权、期权遥遥无期，而且对于冲刺没有太大效果，这时就要用到分红机制。分红机制在操作时，主要是确定两个方面，一是分什么钱，二是分多少。

分的是什么钱？分红不是涨工资，工资涨了就不能降，分红可以弹性处理，可上可下，可多可少。分红到底分多少，主要是找到参照，如参照钱、参照物、参照人、参照事。新机制，这四个元素一直如影随行，随时作为参照。

（1）参照钱：以工资为参考线，参照同比和环比的钱，同比是跟去年同期比，环比是与工资梯队相比。

（2）参照物：分省下的钱，省一碗米饭，就是一碗米的钱，每一粒饭都是公司的净利润。

（3）参照人：人心在哪里，分红就在哪里。例如，春节值班给分红奖励。

（4）参照事：按项目利润进行分红，增长的部分利润给单笔分红，研发省出的时间也可以转化为分红。

3.3.3 分红机制案例

万科分红：

万科从不贿赂，但内部员工能直接拿到60万人民币现金奖励。

饭店分红机制：

有一家餐厅经营不善，老板给以股权、期权分红，但效果都不好。之后分析原因，发现所有服务员都感觉股权太遥远。然后就制定了分红机制，以5万营业额做基数，超出部分当天就分红。每个人根据工资比例来分，上至店长，下至洗菜，都有相应比例的分红。

实施分红机制一周，日营业额就超过5万，大家都分到了钱。之后每天的分红更多，因为全员在下班后都在研究菜品，改造做菜流程，优化工作程序，每个人都像店长一样思考，整个餐厅价值得到了升级。

品质部分红：

一个月未有质量投诉，奖励基本工资总额的5%；连续两个月未被投诉，奖励6%；连续三个月，奖励7%，以此类推，上限为100%。

一个月未有交期延误，奖励基本工资总额的5%；连续两个月合格奖励6%；连续三个月奖励7%，以此类推，上限为100%。

后勤部分红：

这个部门似乎更与股权、期权沾不到边，许多酒店的门童、行李生，都是靠小费。事实上，公司只要让他们挣得小费，就是最好的分红。

财务部创新分红机制：

财务部给人的感觉，就是赚“死工资”的部门，股权、期权似乎都不沾边，职业管钱，本身并不能赚钱。不论工作有多繁杂，没有任何想象力，伸手就是天花板，如何做创新分红？财务部分红有个底线，只能赚额外的钱，不能赚任何意外的钱。这下就好办了。

例如，税收筹划；短线投资；成立内部监察委；协同催账，财务部收账具有天然优势；制作理财方案，房贷理财计划，帮助收入高的人快速买房。

再如，制作《数据报告》，通过流水数据，观测客户进账、出账数据，形成分析报告。财务总监可以轻松从数据中挖掘价值，但6000元月薪的财务人员，只需学习和引导同样可以做出这样的分析。

但财务部最大的价值是，尽量做成一本账，为上市做准备。

以上三个赚工资的部门，这样精打细算下来，每月可以额外赚到20%以上的分红（工资为参照），但这种激励效果，能让公司的效率迅速提高20%，节约成本20%，创造远远不止20%的价值。

未来，许多岗位会由机器人代替，可以做到精准节约。许多行业都会像汽车工业，不多造一块玻璃，不多造一个发动机，全部精益生产，然后精准连接，销售岗位也会消失。这时，面对着机器人岗位，分红机制随之消失。

3.4 薪酬机制

薪酬就是薪资加酬劳。

薪，是指工资，一般按月为周期来分配，民间称为薪水。

酬，是指酬劳，是将劳动付出和劳动结果转化的报酬，一般与业绩挂钩，按项目周期分配。

薪酬主要针对企业普通员工、普通服务员、普通人民的基本收入，高级管理人员另有一套分配机制。

所以，普通人比收入，就是比薪酬。高管比收入，一般不比薪酬。微信创始人张小龙先生，他的薪酬远远高于腾讯创始人马化腾先生，但中国富豪榜排名，张小龙相对于马化腾，收入是望尘莫及。同样，特斯拉创始人埃隆・马斯克的薪酬为0，就是从不领薪水，不代表他就没收入（特斯拉集团有严格的薪酬和股权分配机制，薪酬定多少就发多少，并非做秀。亚马逊创始人也如此，他已经登顶世界首富，但他的薪酬同比属于超低薪）。

薪酬与税收挂钩，相关部门可以监控。所以，许多公司为了避税（个人所得税），就会在薪酬上大动手脚，将薪酬调整到6000元/月以下，其它收入另行转账。所以，相亲、面试、评判一个人，不要问工资，因为根本代表不了什么，要问他拿过什么特别的收入。

新时代的薪酬机制落地，具体是心法、想法和做法。

3.4.1 薪酬机制心法

人才不会因为工资心动，工资待遇最高的时候成本最低，这是杰克·韦尔奇先生早年说过的。当时的场景以生产为主，主要收入就是工资，是静态收入，所以工资决定生产力。

现在是新时代，生产、生意、生活的场景都已发生变化，薪酬已经由静态升级为动态，所谓的固定工资并不固定，也没有铁饭碗和死工资，一切收入都在变化中。

旧时代，树挪死，人挪活。人越挪经验越丰富，越跳槽工资越高。但树不能挪，换了环境难以存活。

新时代，树挪可活，人挪未必工资就高。因为，大树的迁移技术已经升级，城市道路旁的树，几乎都是迁移而来的，以此快速完成城市的绿化。人的收入是以价值为标尺，以贡献为数据核算，并不是根据经验、学历和跳槽来核算。

价值与薪酬挂钩，并且公开化，这就是薪酬机制的心法。

3.4.2 薪酬机制想法

就是薪酬机制的操作原则，具体有三个原则：

公示原则：工资没必要去隐瞒，直接透明化。从招聘、入职时就开始透明。

落差原则：落差无上限，落差越大，企业发展空间越大。生产型企业，生产总监和生产工人的工资至少有5倍落差。财务经理和财务专员至少有2倍落差，销售专员和营销总监收入至少有10倍落差。直销行业的收入落差最大，不是十倍二十倍，而是一万两万倍。

人贵原则：企业中，让一部分先富起来，不是薪酬决定的，而是股权决定的。企业中，能让一部分人先贵起来，那是薪酬决定的。工资，是个先入为主、排行第一的激励机制。

3.4.2 薪酬机制做法

就是薪酬机制具体落地，有几种参考，必须理顺人与钱之间的关系。

1. 薪资与员工的关系

基层员工的薪资，建议高于同城、同行业10%~20%，员工基本稳定。

中高层员工的薪资，建议高于同城、同行业20%~50%以上，人员相对稳定。

高层不用薪酬分配建立落差。

2. 酬劳与员工的关系

酬劳主要随业绩而变化。业绩越多，底薪也会越多。销售部都是以业绩制定梯队提成比例。

酬劳随成果而变化。如计件工资、人均产值、劳动强度、危险系数、技能等级。

酬劳随学历和职称而变化。如，注册会计师、主办会计、助理会计；高级工程师、中级工程师、初级工程师、助理工程师。

3. 薪酬与产品的关系

这个只针对销售部门而制定。好卖的产品比难卖的产品提成低；新产品比老产品提成高；第一笔提成高，之后递减。

4. 薪酬与组织发展的关系

企业不同的发展阶段，薪酬分配比例也不同，如表3-1所示。

发展阶段	薪酬	提成	考核倾向
生存期	低	高	9分结果、过程可有可无
发展期	高	高	7分结果、3分过程
高产期	中	中	5分过程、5分结果
成熟期	中	少	4分结果、6分过程

表3-1 薪酬与组织发展的关系

再次体验，老四样分配机制，都是人与钱之间的关系，每项分配都是单一维度，只是买卖关系。用钱留住的人才，也会为了钱而离开。物质的分配只为生存，精神的分配才可以发展。

要生存，首先要强化产品，而非分配。许多公司，不在产品本身下功夫，却在激励手段和广告宣传方面下功夫。产品不好，才会不断增加提成筹码，不断提高广告宣传费用，不断造场给员工和客户洗脑。这样的团队是一盘散沙，随时崩盘。

所以，必须建立多线程、多维度、多角度的关系，才可以将人才焊在公司，像一块铁板，就是打铁的团队。

3.5 新时代分配

过去的四大经典分配，体现在眼、脑两个维度，让人看到钱（薪酬、分红），脑中想到钱（股权、期权）。是站在公司的角度，把人定在岗位上，与公司长久走下去。这无可厚非。

新时代分配，体现在心、神两个维度，心中有未来和价值，神中有经历和云。表现在四个分配上：未来、价值、经历、云，如图3-5所示。

图3-5 新时代分配

钱只是一个维度，因钱而聚，因钱而散；股只是一个维度，因股而合，因股而散。要与人立体连接，必须是眼、脑、心、神，四维一体。

许多时候，钱少一样会拼命，没工资，没分红，同样会拼出一个未来。独角兽公司，初期就是这样拼出来的。这是精神上的连接，大家共同创造着未来，分配着未来；创造着价值，分配着价值。

过去的分配，要的是数字的游戏，分钱的胆识，游戏的规则，留人的智慧。新时代分配，要的是内部市场化，项目合作化，产品价值化，架构区块链化。

新时代的分配，注重精神范畴的分配，为人支起空间，助人实现梦想。具体操作，点到心法为止。

3.5.1 分配未来

未来指导着现在，而不是现在引领未来。未来合伙人要成为发展共同体，就要从现在分配未来，然后奔向未来。换句话说，大家必须创造未来，而不是幻想未来。用数据和逻辑推演未来，而不是用口号和战略“规划”未来。区别在于，数据是计算未来，规划是算计现在。

看一个组织有没有未来，就是看有没有分配着未来。分配未来，一定是精神加物质。没有未来，分配的一定是物质，用物质刺激物欲，越是分配，越不知足，分裂就这样产生了。

股权和期权，就是未来分配的主要表现形式，运用未来分配，要看到核心，看到背后的底牌。未来分配的核心是“合”，一个合字即可讲清楚。

一“人”一“口”的分，还要让大家享受一人一口的乐趣。“人”在“合”上，人只有成长才可以合，人只有成长才可以持久的合。“口”在“合”下，一人一口，每人都有出口的机会，讲出心中真言。许多矛盾始于本来分得清楚，却没有讲清楚。如同给了股份，没有给未来。“一”在“合”中，中为合一，大家一条心，才可以达成共识，资源共享，共创未来。

3.5.2 分配价值

价值是分配的基石，分的规则是价值。分多分少，是按价值来定。价值分配是人、物、事、钱之间的连接要素，连接的参考是价值。由此破解了三缘关系矛盾，企业中往往存在着三缘关系，血缘、情缘、事缘。

以血缘关系入股，这类人未必会因为分钱让关系变得更紧密，反而会变成对立关系、矛盾关系，甚至是江湖关系。例如，商场父母兵，上场兄弟兵，妯娌关系说不清。外人还可以就事论事，和平讨论。家人可以不分场合吵闹，堡垒总是从内部攻破的，铁打的团队总是从内部裂开的。

以情缘关系入股，情缘关系也是一种游离关系，贵人的恩情，领导的同情，同事的友情，因情相合，因情成仇。因为钱总是容易伤情，尤其是钱多的时候。

以事缘关系分配，例如同学、战友、老乡、老同事关系，最后也会因事缘而反目。这类关系的人辞退都难，更何况谈股论钱。

体验一个场景，有人曾经帮助过老乡，有人曾救过老板，还有人掌握着老板的隐私，然后经常拿出来说，尤其是关键时候，公司年会、围桌吃饭、宵夜喝酒时拿出来说，传到老板耳朵里，老板会是什么样的心情？

体验第二个场景，枕边风。枕边风就是龙卷风，龙卷风来源于两股气流的交错，然后形成一个漩涡，越来越大，越转越快，越转威力越大。这两种气流在哪儿，就是两个人在枕边说话。卧室里不谈人生，不谈浪漫，专谈公司的花边新闻，个人隐私。老板娘下班去一次公司，就可以谈三天枕边话题。所以，几乎没人逃得过枕边风，要么制造枕边风，要么被卷入枕边风，许多微妙的变化就是从枕边开始的。

体验第三个场景，老板对未来的承诺。许多老板总喜欢莫名其妙的激励，看到员工加班，上去激励两句，说好好干，加油干，我亏不了你。新员工马上兴奋，心中开始打起小算盘。老员工心里明白，笑这么阴险，讲这么无聊，肯定是认为进度慢了。

看清了三缘和关系，体验到了人间的虚假与阴险，就会明白，价值这块蛋糕没那么好切，下刀必须掌握好力度、角度、高度。

（1）力度：有则分，无需多言。有明细的分钱，有尊严地拿钱，不需要感动，不需要激动，不需要做秀。

（2）角度：必须把家庭与公司关系处理清楚，就像三色图谱，红、黄、蓝三原色，相互叠加会变成其他颜色，三色重叠会变成黑色。意思是两种关系会纠缠不清，三种关系会成为一团漆黑。

（3）高速：必须明白，价值来自于需求，来自于问题，来自于主动。主动解决问题，就能获得价值。

未来的价值，不是现有的绩效体系、管理软件、功劳薄可以记清楚的，要运用区块链思维结算，透明而无法修改才可以。这结算思维，比阿米巴要高几个维度。

3.5.3 分配经历

公司没有留人的技术和智慧，只有让员工走不了，舍不得走的经历。人们总会记得“第一次”发生的事，而且刻骨铭心。第一次坐飞机，第一次外出见客户，第一次竞标，第一次竞争获胜，第一次拿到分红，第一次签约100万元的订单。还有第一次发红包，第一次睡公园，第一次写歌词，第一次写书并且畅销，这些都是不可磨灭的经历。

既然第一次印象这么深，是否可以设计，成为未来激励要素？给新员工设计一条成长轨迹，见本书晋升机制，至少有两条轨迹线，要么晋升职位，要么晋升职称。设计有意思、有意义的经历，如外出开年会，国外旅游，捐款捐书，帮扶贫困儿童。让员工设计好经历，公司帮助他完成。大家一起体验、经历，经历的效果，不亚于期权分配。不是经历了分配，而是分配了经历。设计经历，就是设计一笔无形财富，直接支撑起人们的精神世界。

3.5.4 分配云

新时代，云包含了所有技术、所有资源、所有力量。未来的公司都是一个云团，内部可以共享，外部也可以共享。员工无论在职还是离职，都能享受云的服务，云的指导。

中小公司，可以分配办公卡位，共享办公室，还可以共享软性资源，如招聘资源、面试资源、游玩资源。创业未必要租办公室，未必设计前台和老板台，可以共享就共享发展。在一个云团中，更容易生存下来。

集团公司，可以分配云服务，将业务接入。未来的创业离不开互联网，互联创业离不开云，阿里云、腾讯云、百度云，都是离不开、绕不过的连接。

看看现在单一订机票业务的公司还有哪些？单一订机票还能否生存？携程、同程、艺龙的格局已经打破，同程艺龙合并，阿里旗下的飞猪上线，他们的机票还连接着酒店、旅游、门票，还有信用住、白条付款、小额贷款。机票只是其中一维的连接，传统订票如何生存？

如何分配云，把公司升级为平台、内部合伙人、外部合作人，都是与公司价值连接。

不要做已有的，只做没有的，形成一个共同的云团，就是产业生态。不要做单一的，而是把单一连接到云上，互相交互数据，交互价值。不要以自我本位出发，进入云的本位，大家成为价值网，就是共同的产业空间。

分配是引力为主，拉力为辅的机制。分配重点不是要分，哪怕分得再科学，评估得更合理，价值再明显，分配还是为了合。合是内驱力，分是外驱力。

凡是经过三次狂风暴雨，必定能长成参天大树。凡是经历过三次生死劫，中小企业一定能长成集团。看现在互联网巨头，无一不是经过狂风暴雨摧残，像《七龙珠》一样，战斗一次，实力增长一次，能力增长一次，财力增长一次。BAT就是这样长大的。

3.5.5 人生与分配

人生就是分配与被分配的总和，成功之前接受各种分配，成功之后为别人分配。因为分配思维走向了成功，因为合伙思维走得长久。

人的一生大约有六个拐点，六次分配的过程，根据《易经》的奋斗卦——乾卦爻辞推演而来。

（1）人生第一次分配，成就感大于收入，不计较多少。

（2）人生第二次分配，拜访老师，学习能耐，生存力大于收入。

（3）人生第三次分配，没有起伏，奋斗不息，稳中求进。

（4）人生第四次分配，张弛有度，进退有度，挑战变化。要么一本万利，要么万本万利。

（5）人生第五次分配，到达巅峰，光芒四射，必须用光照耀身边的人，不可炫耀。

（6）人生第六次分配，办企之后办校，百战归来教书。将一生所学形成文集，指导别人的人生。当别人和你分配未来，你借机分配了他的人生。

视频 5　分配机制：依赖连接，收获价值

为什么钱越分越多，分配的科学公式是什么？为什么同行容易，同心很难？扫码看视频，为你解读新时代分配机制着落点。

第4章

竞合机制

人生就是竞合的过程，一边竞争，一边合作。通过三大原则、六大要点、六个步骤设定PK机制；通过对赌机制、积分机制，让团队保持活力，达成目标；用反向竞争机制鞭策和警示，让团队保持变革思想，跟上未来，驱动连接。

本章教你：

人生就是竞合的过程，一边与人竞争，一边与人合作。竞合的过程就是整个人生。一个人不去竞争，要么是修行到位之时，要么是生命结束之时。

苹果公司与微软竞争十多年，当乔布斯离开时，比尔·盖茨命微软总部降半旗，以示祭奠。良性竞争创造商机，恶性竞争扭曲人性。

顺丰是快递公司，竞争对手是各个快递公司。当顺丰开设了新零售业务，顺丰优选直营店，还在小区安放了蜂巢箱，顺丰的对手就不止是快递公司，还包括小区的便利店。平安银行、招商银行、中国移动，都有积分商城，可以用积分兑换物品，还可以积分+现金方式购买物品，所有的竞争都不限于同行。

新时代，任何竞争都是突如其来的，互相侵入对方边界，任何合作都是暂时的，要有竞争的准备，随时迎击新来的对手。

清华系各大公司，同属一个母公司，但股权、产业、人才方面有交叉或重合。例如，启迪控股持有紫光股份12%的股权，紫光集团持有清华同方股份2.35%的股权，同方股份旗下子公司又通过参与定增入股紫光股份。有人批评清华系公司定位不清，业务重合，资源浪费。事实上，这才是正确的战略，互相竞争，互相合作，互相连接。不与自己竞争，谈何竞争力。

企业内部，员工为市场争夺订单就是竞争，共同为客户服务就是合作，整个公司就是一个竞合场。竞合机制操作主要有竞争机制、对赌机制、积分机制，还有反向竞争机制。一个公司，至少要有20%喜欢攀比的人，企业才有竞争，才有活力，才有新价值。

4.1 PK 机制

竞争指两个或两个以上的事物，因为共同目标展开的竞赛。竞争之父是目标，竞争之母是机制，PK是一个“竞争性家庭”，如图4-1所示。

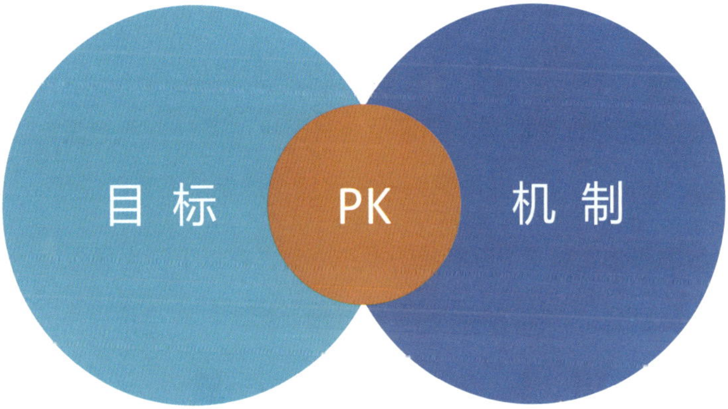

图4-1 PK机制

PK从概念上讲，与竞争不同。竞争一般是体育比赛，PK一般是娱乐比拼。

PK从重要程度上讲，是组织建设与能力提升最重要的机制，因为竞争是人之本性，超越别人是人之常情。PK机制的操作，是由心法开始，到想法和做法，用工具进行落地。

PK机制心法就是竞合。

一说竞合，就会想到两个公司，一边竞争又一边合作（合力）。麦当劳与肯德基，丰田与本田，奔驰与宝马，波音与空客，还有可口可乐与百事可乐。尤其是两大可乐公司，分别经营着两大主题，并且用这两大主题锁定用户。

可口可乐是竞技主题，代言人以体育明星为主。百事可乐是娱乐主题，代言人以娱乐明星为主。两家公司口号一直在变，营销方式一直在变，定位始终未变。

可口可乐在过去130多年，使用过50多个广告语，终极定位依然是“正宗可乐”，主题依然以竞技为主。百事可乐在过去90多年，使用过50多广告语，终极定位依然是“新可乐”，主题依然是娱乐。

两乐一直在竞争，最终二分市场。

我们能从两乐学到什么?

学到的就是PK的精髓，竞合精神。将竞技与娱乐交互在一起，成为新的诉求——竞技娱乐化，娱乐竞技化。现在电视上几乎所有的娱乐节目，收视率前10的节目，都离不了这“两化”，这是大众的共同诉求。

无论是企业竞争，团队竞争，还是业绩比拼，要让让PK效果好，就要娱乐化操作，而在竞争过程中，有严肃的竞争标尺。这就是心法的应用。

PK 机制的想法，就是 PK 机制的操作原则，有以下三大操作原则。

（1）事在难为。当目标比较高，操作相对较难，才值得启用PK。人们在玩扑克游戏斗地主，PK的不是每局的输赢，而是最后的积分。

（2）事有可为。竞争的目标必须在可掌控范围之内，要有结果才可以PK。两个人比谁活得久，这不是PK。

（3）事在人为。PK是人与结果的连接，必须紧扣“人”这个核心。龟兔赛跑，这是人为的娱乐操作，不是龟兔之间发生的PK。狮子捕杀羚羊也不是PK，而是自然的生态。运动会上游泳PK，泳服的科技含量有竞争，但主要竞争的是游泳健将的水平。

记得雷军和董明珠的打赌吗？这是一场2013年定下的赌局，雷军当时对着董明珠说：“小米如果5年内营业额无法击败格力，自己输给董明珠一块钱。”而董明珠当场将赌资提升到10亿元，雷军当场也应承。

在本书正式呈现在读者面前，他们的赌局刚好有结果，但99%的机率不会兑现，我们拭目以待。

从这件事可以看到PK的六个操作要点（做法）。

（1）PK之前有目标。

有既定的目标才可以PK，目标是PK之父。

（2）PK之时有约定。

有约在先，并有白纸黑字红手印，留下约定的证据。不用相信任何一方，相信共同的约定。人与人合作时，约定不要用微信语音，这无法保存，无法成为证据。不要听人说什么，要让他写出来。

（3）PK之时有奖罚。

PK不仅有输赢，还要有奖罚。奖罚是随着目标大小而变化的，目标大，奖罚大；目标小，也不用定太大的奖罚。

（4）PK监督在一旁。

PK承诺越是重要，越需要监督人。监督人就是征信人，如同信用卡中心。监督人就是球证，负责裁判比赛，不打没有裁判的比赛，在PK中形成诚信文化。

（5）在PK中成长。

PK过程中，工作有干劲，借此机会指导点拨。没有干劲，填鸭式的辅导不会有效果。孩子要争夺奥数冠军，辅导起来相当容易。如果只想保持及格水平，辅导起来非常麻烦。

（6）形成竞合文化。

PK是企业内部市场化的一种形式，多次PK便可形成竞合文化。通过各类PK，让大家知道，一个坑三个萝卜，永远不缺干将。

从PK六大要点生发六大操作步骤。这些步骤是建立在“PK，我们是认真的”的基础上，只要大家认真，步骤可以简化。

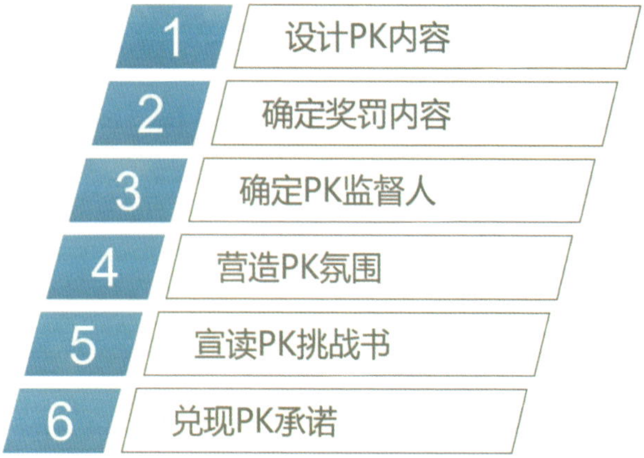

图4-2 PK机制操作步骤

（1）设计 PK 内容。

PK内容都是提前商量好的，PK现场只造场、造势。明确时间节点，按财务数额计算。新零售，争分夺秒出业绩，最后一秒都有回单。小组目标在前，个人业绩在后。

（2）确定奖罚内容。

机制是PK之母，没有奖罚，PK就会变成儿戏。奖罚必须可操作、可监督。

奖，要能拉动员工内心的渴望和欲望。项目越大，欲望越大。例如，业绩是一万元时，奖一块800元的手表；业绩一百万时，奖励团队三亚旅游。

罚，要能罚出员工内心的恐惧点。项目越大，惩罚越恐惧。例如，一万元的业绩完不成，买一块800元的手表送给对方。没完成业绩一百万时，出资三万协助对方旅游。

（3）确定 PK 监督人。

建筑有监理，行业有仲裁，未成年人有监护，PK有监督，没有第三方监督，效果会打折。监督者拥有丙方思维，要站在局外，体现公平，防止作弊，同时督促双方。监督有奖。例如，赢的一方是旅游，监督人可以同行；输的一方不得诋毁、挖苦监督人。

（4）营造 PK 氛围。

条幅造场。在墙上挂一条横幅，写上PK的内容，如图4-3所示。

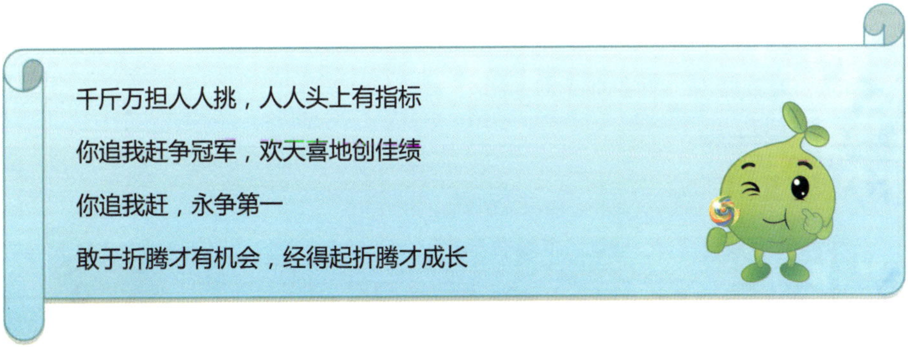

图4–3 用条幅造场

海报造场，用海报或投影展示PK的规则和方式，如图4-4所示。

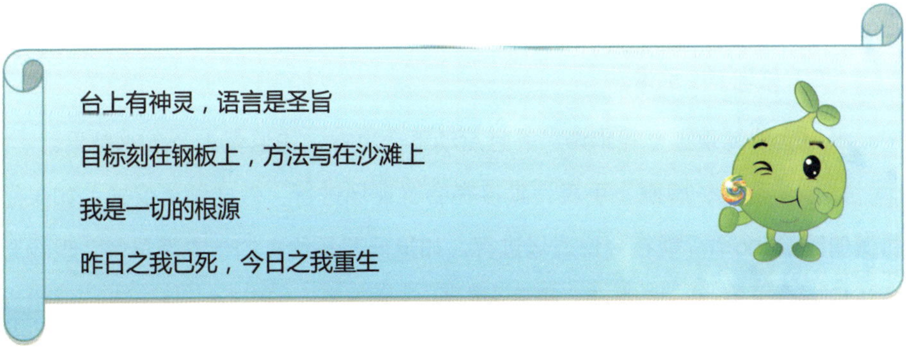

图4–4 用海报造场

（5）宣读 PK 挑战书。

一项挑战书写到一页纸上，写上双方名字、监督人名字。宣读环节，就是誓师环节。誓师内容，包含在挑战书中。依次上台，庄重宣读。

以下是范例：

PK挑战书

为了更好地完成业绩，张三和赵四进行月度业绩PK。

具体PK内容如下：

一、PK时间：20XX年3月1日-3月31日

二、PK项目：月度业绩总额，以财务统计到款额为主

三、PK监督人：财务部王姐

四、奖罚机制：

1、张三

奖：卡西欧电子表一块，市场价340元。

罚：给李四带早餐，一个月内所有上班时间。

2、李四奖罚（略）

签章：张三　　　　赵四　　　　王姐

20XX年2月28日

（6）兑现PK承诺。

通过会议兑现上一轮承诺，并且启动下一次PK。由监督人公布PK结果。

如果奖现金、牌匾、手表，直接在会议现场进行，做成颁奖仪式。如果惩罚做俯卧撑100个，就在会议现场进行。如果惩罚是给赢的一方带早餐，现场无法兑现，会上重申一遍即可。如果A赢了B一块手表，B赢了C一块手表，这相当于两个机制，不可抵扣。

PK机制是为了练习PK思维，形成竞合文化，在操作中要灵活运用，每次都要创新。

PK项目创新，如表4-1所示。

表4-1 PK项目创新

业务方面	态度方面	特长方面	晋升方面
月度业绩PK	巅峰勇士PK	歌王奖PK	赛马PK
拜访数量PK	爱心天使PK	舞王奖PK	见习晋升PK
回款速度PK	互助使者PK	金点王PK	转正速度PK
客户投诉率PK	金牌服务PK	棋王奖PK	升职速度PK

PK奖励创新，如表4-2所示。

表4-2 PK奖励创新

奖品方面	特权方面	特殊爱好奖励	特殊待遇奖励
笔记本	优先用车权	明星演唱会	全家人旅游
证书、奖杯、锦旗	优先选市场权	展览会门票	请父母旅游，参加年会
香水、化妆品	优先培训权	携带宠物	特别工位，办公室
车、房期权	有权多请假	健身房VIP卡	总裁亲笔信

PK头衔创新，如表4-3所示。

表4-3 PK头衔创新

部门	荣誉称号
销售部	开单王子，业绩女神，乔吉拉德奖，十大销售天使
服务部	微笑天使，服务天使，十大最受欢迎的服务天使
生产部	生产标兵，生产能手，鲁班奖，十大最有价值的先进生产者
设计部	首席设计师，最具潜质设计师，毕加索奖

保安部	安全卫士，保护神，十大勇士
后勤部	老黄牛，孺子牛，十大知心姐姐
其他部门	《水浒传》中108将的绰号，《封神演义》中的技能，略加修改即可使用

PK创新是为了营造PK现场更好的氛围。领导就是领导氛围，而不是领导每个人。所有竞合机制都是氛围的产物，没有隆重、有趣、有意义的氛围，奖励任何物品都会失去一多半的效应。

例如，奖励一台豪车，目的是让所有人看到，都希望拥有这台车，都有机会竞争这台车。这个希望的价值，远远大于这台车的价值。

人类的竞争和拼搏，都是为了明天会更好。

4.2 对赌机制

大多数人都有赌性，都喜欢用小钱博大钱。所以2块钱一注彩票销得非常好，2元店产品销的非常好，这都是赌性心理。

对赌机制是PK机制的同门兄弟，由竞合而生，但对赌的野心更大。PK的是能力，对赌的是潜力。用好对赌机制，会获得超乎想象的成果。

对赌赌什么？制定了目标，对赌超出部分的利润，大家再次分配。开发软件周期3个月，对赌2个月完成，省下1个月时间折合成现金。对赌年终应收账款，对赌节能减耗，对赌项目扭亏为盈，都是对赌的内容。生活无处不对赌，工作无处不对赌，商业无处不对赌。

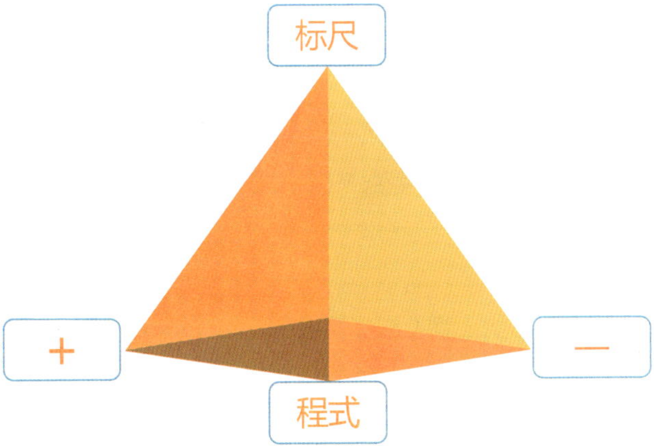

图4–5 对赌的四大核心要素

体验对赌的现象，找到对赌的核心，生发合适的对赌机制。对赌有四大核心要素，如图4-5所示。

（1）标尺。

标尺如同底线，有底线才有约束机制，有标尺才有对赌机制。底线之上，标尺之外，都是价值。标尺是对赌机制的门，找到标尺就进入机制之门了。标尺如何找，如果从成本来看，近6个月平均值就是标尺，高于标尺就是成本。如果从额外增值来看，近6个月平均值再加上往年同期对比，超出标尺的就是市场额外收入。

（2）程式。

程式就是运行程序，对赌机制的程序与电脑程序原理一样，无非就是四个词，如图4-6所示。

图4-6 对赌机制的程序

如果if，那么then，否则else，执行enter。之后还会出现新的if，then，然后对else进行修正，再次enter。依次循环，用2的冥次方，变成千亿级字节的程序。

这个可循环、可回路、可修正的思维，不仅适用于对赌机制，还可以用于沙盘模拟、案例复盘、策略推演。西方管理学有一个原理叫PDCA循环，在国内教育业非常盛行，被奉为经典。两者都是从假设开始，“计划”本就是假设。一切从假设开始，过程中原理一样。

金字塔模型中的加号、减号，代表的是两个类型，“超出”“减少”“增加”“减少”这些词，无法涵盖对赌元素的意境，所以用两个符号代替。

（3）+，多出来的对赌。

凡是多出来的，都容易分配。包括利润对赌、营业额对赌、人才增长对赌。重赏之下，必有勇夫。

对于人才培养，让新员工开单，公司额外奖励一笔定额奖金。培养的员工晋升，公司额外奖励一笔奖金。因为人才增加了，借此应用育才机制，让人人都有教习行为。

对于人才举荐，引进一位员工，引进一位经理，都有相应的回报。这个机制适用于全员与人力资源对赌。

对于市场开拓，开发一个新客户，获得一定奖金；开发一个新市场，获得一定奖金。只要是原有计划中增长出来的，都用来重新分配。

企业里一般不缺人才，缺的是出人才的机制。有了人才增长，业绩自然而来。对赌是让员工明白，招聘人才是有限的，大家一起引荐才是无限的。

（4）–，少出来的对赌。

凡事都有节约的成本、时间成本、沟通成本、会议成本，成本都是用来对赌的内容。具体如省电机制、省水机制、省油机制、省纸机制、省流（流程）机制。

以车间为单位，看生产速度是否可以提升，省出交货时间。交货速度本就是竞争力，交货速度快一天，就能赢得更多市场。

以水电为目标，空调、灯光、车间设备，选取近三个月的平均值作为标尺，节约部分奖给部门或相关人。

以环保为基础，看哪些废料可以回收，哪些机器可以维修，可以节约成本。再看食堂，看哪些菜品可以去掉，大米饭的勺子是否可以改进，不要将大米冲到下水道中。

以人才为导向，看哪个项目、哪个部门、哪个岗位，可以减少人员。李嘉诚的用人机制：6分人才，7分使用，8分待遇。人员少了，效率肯定会提高；钱给多了，潜能就会激发出来。

内部永远有节约不完的成本，但并不能紧盯节约，要从各种节约机制中，形成节俭文化。

对赌机制有以下三个操作原则，三个注意事项。

（1）无论多出来的，还是少出来的，都是标尺之外的收获，对赌就是赌这两种结果。

有人说老板精明，会算账；有人说老板小气，会忽悠。其实区别不是大方与小气，而是老板心中是否有一把尺。有标尺就会计算，没标尺就会算计。计算是分配标尺外的资源，算计是克扣标尺内的资源。

（2）超长发挥要有超常回报。

正常工作是伸手摘桃子，PK是跳起来摘桃子，对赌是借梯子摘桃子。哪个效果好，一目了然。有了对赌，人们会发动身边所有资源去摘桃子；没有对赌，就只会伸手。

（3）对赌分的钱，会唤醒灵魂，为生命喝彩。

对赌是人与时间，人与空间的两种连接，是自我革新的成果。对赌赢100元钱的兴奋度相当于工资赚了1000元。

现在流行一个词——对标。

“对标”是个老词，30年前已经提出，是竞争范畴重要的理论之一，西方管理学将对标管理与“战略联盟”、“企业再造”并称为90年代三大管理方法。

对标就是找到标杆公司，与之对赌。对标管理就是找到差距，形成追赶步骤和策略。要么对标别人，要么被人对标；要么超越标杆，要么成为标杆。

4.3 积分机制

打游戏有积分，充话费有积分，刷信用卡有积分，超市购物有积分，骑共享单车有积分。积分和会员如影随形，有会员服务，必有积分机制。

积分是一种表现形式，一个特别名称。有时叫钻石、黄金、白银，有时叫A级、B级、C级，有时叫红卡、橙卡、蓝卡。积分原理都一样，都是事物价值化，价值数字化，数字再具像化的过程。

例如，客户一年消费1000元是白银会员，一年消费5000元是黄金会员，一年消费20000元是钻石会员。这是为了好听，好记。如果变成一档、二档、三档，客户感觉就没那么高档。

积分操作有以下三个原则，操作积分机制时要特别注意。

（1）积分终究是一种临时计量单位，是为了粘住客户，持续服务，持续连接。不要沉迷在积分中，忘了事情的本质。

（2）积分与人民币之间的兑换不可逆，即现金消费可以累计积分，积分不能兑换为现金。区块链一年就衍生出上千种“币”，都试图代替着人民币、美元、欧元。试想，那一天真来临了，会出现什么现象。

（3）积分必须连接具体事、具体物，积分规则清晰透明。例如，迟到扣1分，会议中手机铃响扣3分，提前完成工作任务奖励5分，给公司提出意见被采纳后加10分。将事—物—积分连接起来，就形成了一张价值网。

积分机制的三个操作方向和运作思路。

（1）预充升级别，累积升级别。例如，美容院预存一定金额，直接享受对应档位的服务，这是预充升级。订购机票达到一定金额，自动升级为相应级别，这是累积长级。

（2）竞技数字化，娱乐数字化。例如，体育比赛、各项球类比赛。娱乐比赛、唱歌比赛、节目比赛都是用数字来评判名次，把竞技数字化。竞技和娱乐，是人类两大主题。

（3）有形转无形，无形转有形。有形的比拼要转化为无形的名次或级别，然后再转化为有形的奖杯、奖牌、奖状。例如，销售饮水机，拿到业绩第一名，公司奖励一台（有形的）手机，并赐予（无形的）“水天使”称号。

4.4 反向竞争机制

赛马场，骑手会给自己的坐骑配置高档的装备，雕花的马鞍，精致的马镫，皮革的辔头。配置上档的服务，有营养的饲料，打上各种防疫疫苗，把马鬃和马尾修剪整齐。但有了这些，马在奔跑的速度上并没提高。因为，差了一根马鞭。

马的装备和服务是正向竞争，鞭子是反向竞争。

《三国演义》中，诸葛亮对关羽用正向激励机制，对张飞用反向激将机制。因为诸葛亮利用关羽孤傲的个性，利用张飞的好胜心，让两位虎将超长发挥。激励是正向竞争，激将是反向竞争。

企业中，正向、反向同时运行。有董事会必然要设立监事会，监事会与董事会权力对等。有PK必有公证人，有承诺必有第三方监督人。

优秀人才是正向竞争机制胜出来的，合伙人是反向竞争机制剩出来的。

正向竞争机制包括奖金、分红、期权、项目股权（仅因项目所持有的分红股）等，反向竞争包括处罚、降级、降薪、末位淘汰等。

正向竞争和反向竞争是对等的力量，激励机制与约束机制是对等的效用，合作与背叛的影响力是一样的（七人合伙与一人背叛力量对等）。

正向与反向的机制区别，如表4-4所示。

表4-4 正向与反向的机制的区别

机制角度	正向合作机制	反向竞争机制
奖罚方面	奖励类似于“锦上添花，如虎添翼”，多奖一点少奖一点，人们不会计较	惩罚类似于“雪上加霜”，多罚一点少罚一点，人们会斤斤计较
感觉方面	奖1000元只能带来1000元的愉悦感	罚1000元会带来5000元的懊悔感
招聘方面	提供丰厚的待遇，吸引普通人才	亮出残酷的竞聘流程，吸引特别人才
晋升方面	业绩、综合能力达标就晋升	定期裁员，危机感激发员工拼搏
团队管理方面	树立正面榜样，直接作用于团队，间接影响个人	树立反面典型，直接作用于个人，间接影响团队
企业文化方面	形成积极乐观、绽放自我的氛围环境	员工不能放纵，不敢造次，不敢违规
客户管理方面	建立VIP大客户名单，制定服务机制	建立黑名单，制定限制机制
知识管理	建立成功案例知识库（有借鉴作用）	建立失败案例知识库（有警示作用）

反向竞争是规则淘汰人，而不是主动开除人。反向淘汰一个人，不能悄然埋没他的才华，贬低他的成绩，埋葬他的成果。至少要等下次更换文化墙，按规则换下被淘汰的人。

用规则淘汰人，而不是用情绪淘汰人。淘汰机制执行得好，犹如快马加鞭；淘汰机制有私心私欲，就会人仰马翻。具体有五个操作原则，如图4-7所示。

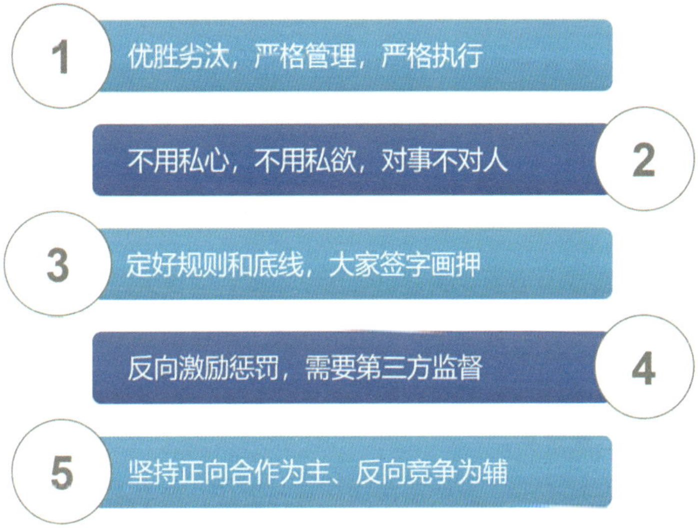

图4-7 反向竞争的操作原则

对于反面竞争机制的生发，下面列举四个常见的方法、适用于不同类别，不同类型的企业。

（1）价值观淘汰机制。

价值观淘汰，是针对不可教化、不求上进的人而制定的淘汰底线。阿里巴巴集团的人力资源部就用运用价值观淘汰机制，将员工分为三大类，每类人员给以不同的对策。

1）价值观和企业一致，能力很强的员工，称为猎犬，要重用。

2）价值观和企业一致，能力有欠缺的员工，称为小白兔，要重点培养。

3）价值观与企业不同，能力又很强的员工，称为野狗，一定要清理。

主动制定价值观淘汰制，可以让团队上下同欲，有向心力。被动制定会让人反感。

（2）危机感机制。

危机感是一种思维意识，要将此思维落地成机制，用以敲打、鞭策、激将。例如，比尔·盖茨不断地告诫员工微软永远离破产只有18个月；任正非经常警告员工，华为的冬天很快就要来临；张瑞敏告诫外界，我每天都是战战兢兢，如履薄冰。

老板有了危机意识，公司反而少了危机。危机有三个来源，一是感知对手，二是观测市场，三是人才流动。温水煮不死青蛙，但安逸可以耗死企业。

董事长和董事成员必须要有危机观念，不要自满自大，不要口出狂言，更不要高傲。领导层要适时宣导危机意识，让员工明白企业生存的艰难，保持奋斗的精神，摒弃享乐主义。管理者要表现出危机，大家可以互相支持，互相帮助，齐心协力，共渡难关。

比尔·盖茨说的没错，微软离破产只有18个月。但中小民营企业离破产，最多只有80天。

（3）裁员机制。

裁员分为主动与被动，主动裁员是裁员机制，可以达到激励效果；被动裁员都是无奈抉择。市场竞争很残酷，必须主动制定好裁员机制。

裁员机制如同人献血，定期献血可以让血液保持一定浓度，生出大量新细胞，维持人体新陈代谢。裁员有三大优势，一可以让企业运行持久，减少人员成本。二可以威慑欲望膨胀者，以及价值不匹配的人员。三可以淘汰老油条、钉子户、暗箱操作的人员，最后剩下经济适用的人员。

裁员有以下三个注意细则。

1）要提前约定，内部宣讲，达成共识，被裁人员无怨无悔。

2）要建立信息传播通道、传播平台。主动公布，就能减少负面报道。

3）要做好劳动补偿方案，有良心的补偿。例如，裁员后可以重新晋选岗位，或者优先晋选其他岗位。

许多公司其实是做买卖生易，有业务就招一大批人，业务做完了就裁员，这不是市场原则，而且违背人性原则。许多健身房就是这样拓展，开业时疯狂招业务员，拓展健身会员。三个月有了会员，马上裁掉业务员。

（4）末位淘汰机制。

末位淘汰属于考核机制，设计标准线，对低于标准线的员工进行淘汰、调岗、降职、降薪。一般来说是使用“721”淘汰原则，即20%优秀人破格使用，70%重要人才培育使用，10%落后者被淘汰，如图4-8所示。

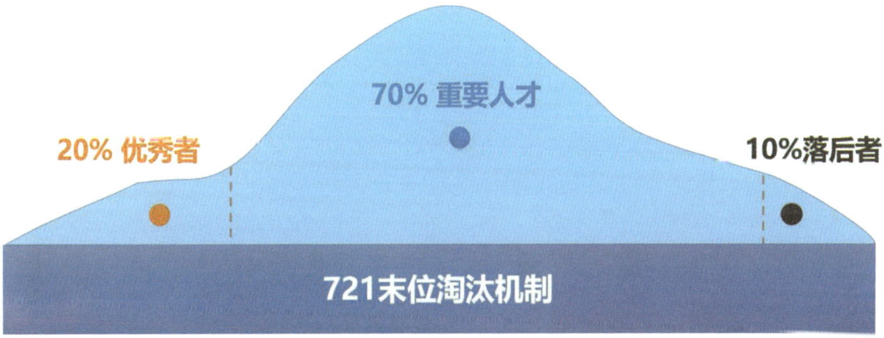

图4-8 721末位淘汰机制

杰克・韦尔奇使用“末位淘汰制”，使GE（通用电气）发扬光大；联想公司每年末位5%的员工可能被淘汰，华为每年通过裁员激励大家；美的集团每年绩效考核最差的员工会被降级。

主动淘汰是保持实力，被动淘汰是保存实力。主动淘汰推动员工积极性，激发员工潜能，便于精简组织架构。被动淘汰为了生存，全是无奈。

竞合是拉力为主的机制，考核是推力为主的机制，两者操作方式雷同，但发心完全不同。以赛马举例，竞合机制是快马加鞭冲出新的纪录，是站在部门角度的机制。考核机制是给快马奖励，慢马惩罚，是站在公司角度的机制。

竞合机制一定要提前制定，主动制定，时刻保持变革思想。新时代，变革是天天发生的，要跟上未来，引领未来，必须率先变革。

视频6　竞合机制：驱动连接，搅动市场

竞争与合作是硬币的两面。强大的企业竞合，共同服务市场。弱小企业竞争，最后两败俱伤。扫码看视频，学习如何在竞争中合作，提升价值，在合作中竞争，实现自我成长。

第5章

爆品机制

好产品是连接生产者、消费者、运营者的唯一途径。通过三大体验改善产品品质，四个步骤重新建立产品与消费者之间的关系，让消费合理化。生产者通过七大维度重构产品。分析运营者三大怪象，用四品五行实现产品产业化。

本章教你：

郭德纲经常在相声中说，上台三步，撸一下袖子，就看出水平来了。相声就是跟大家聊天，把你带进场景，知道什么时候让你笑，什么时候让你鼓掌，这是相声。上台就大喊大叫，那是心里没底。

郭老师说的是相声行业，这个思维在演讲行业也适用。上台三分钟，就能看出你的能耐。三分钟你怎么样，三小时还是怎么样。叫喊着说话，那是内心恐慌。

为什么要喊，因为要带出气氛，简单的聊天很能带动气氛。聊天把你带到场景里，这需要功力，没有上千场大大小小的演讲，谈何带入感。

台下听相声也一样，看小品也一样，听演讲还是一样，三分钟就可以判定台上人的水平了。凡是刻意逗你乐的，演的痕迹太重，别人不笑他先笑，就是没有艺术细胞。

看产品用三分钟，差不多就能知道所以然。第一次使用苹果手机，3秒钟就能感受它的品质，3分钟就能上手了，说明书扔到盒子里，会玩了。从包装开始，从拆塑料膜开始，这就是带入感，当然还有仪式感，这是乔布斯发明的。

手机里APP，一多半都有广告，所以能用小程序办理业务，坚决不下载APP，这是垃圾体验，6秒钟营造出“带入感”。

“带入感”是产品的第一体验。

从前产品只注重销售，讲故事、找代言、打广告、玩促销，各种套路玩尽，各种理论用尽，4P、4C、4R理论。理论在当时环境下都对，这本就是倒过来总结的，绝对正确。但应用时总是慢理论一步。

现在开始讲“回归”了，回归就是回到产品最初，因某个明确需要而研发的产品，就是初心。为什么要回归产品，回归工艺，回归本质？因为商业竞争，产品沦为明星的陪衬。回归本源之后，产品会回到本位，满足消费者的需求，任何明星代言，也只是品质的外显。

海飞丝的成功，是工艺、价值、定位的结果吗？这是经历大大小小上千场市场战争剩下的，舒蕾曾偷袭过，清扬直撩过，霸王正面搏斗过，新概念洗发水围剿过，整个过程用了哪个理论？海飞丝的广告是常态化，请当红明星常态化，用了哪条定位？

真正的营销，还得找到宗师级的产品，可口可乐。这产品的套路，无论在消费者混沌之时，还是觉醒之时，都会感觉到“真诚套路”“和你商量的套路”“让你参与的套路”。最普通的用户也能获得“参与感”，能连接到产品内涵。

“参与感”，是产品的第二体验。

事实上，产品已经到了“刚需不刚，套路末路”的时代，什么刚性需求，营销套路，中高产阶层已然不缺，任何新产品出来，都是替换现有产品。例如，套装螺丝刀，只要有一套，就不会再留下任何单一螺丝刀。例如，台灯再买都是替换，而不是新增。

“替换感”，是产品的第三种体验。

产品是唯一可以造福人的办法，替换产品，升级服务，成为新的连接，就是产品当下的心法。有了心法，产品方向就清晰了，产品想法和具体做法就非常简单了。

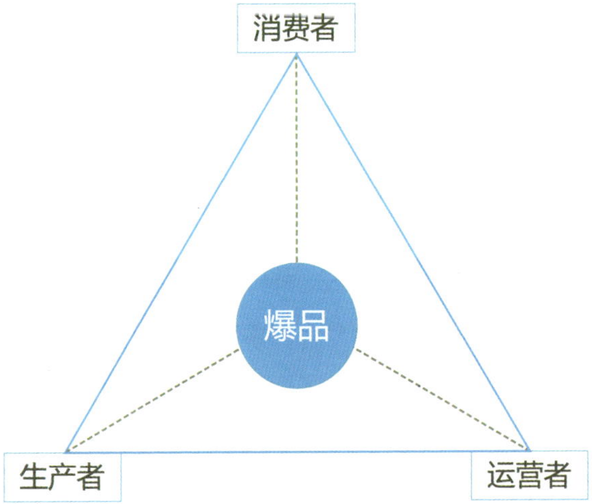

图5-1　爆品机制结构

好产品，是连接生产者、消费者、运营者的唯一途径，唯有爆品才可以实现连接，化解三方矛盾。从制造真产品开始，到消费者个性定制产品，运营者用产品连接全新的生活方式，由此形成产品产业化，形成利益共同体。整个连接过程，就是爆品机制的方向，如图5-1所示。

5.1 消费者要什么产品

我们去迪斯尼，去看电影，吃火锅，去健身房，全程都是服务。人与服务的相连，同样属于产品。所有服务客户的，明码标价的，可以体验的都叫产品。

到宜家家居，看到贴着标签的都是商品。选中了款型，从货架拿走的是货品。货品拿到家，打开包装，组装成家具，摆好位置，往柜子里放上第一件东西，这就是用品了。

苹果公司的iPhone手机，从富士康流水线下来，这是标准的货品。摆在苹果零售店，线上零售网，这是标准的商品。当我们订购时，拿在手中把玩，就成了用品。再转手就成了二手货。当我们看到别人用了新款iPhone手机，却迟迟买不到，或者是买了未寄到，这个阶段就是我们心中的神品，如图5-2所示。

同一个产品，在不同过程，不同场景，随着用途、时间、空间的变化，变的是心态，变的是消费者心里的感知。

所有给产品“开光”的行为，开的不是产品，而是消费者的心理。把心思放在开光之上，都不是生活体验者，也体验不到生活的美。

生活中，产品加上特别包装，叫礼品；产品附在其他产品上，叫赠品；贴上黄标签，是促销品。有时也会购买一些奢侈品、艺术品、字画，买一些梦想中的产品，享受一些梦想般的服务，这就是神品。

对于买不起的东西，不要经常挂在嘴边，要想办法去体验、去感受，这个过程就是神品在起作用。

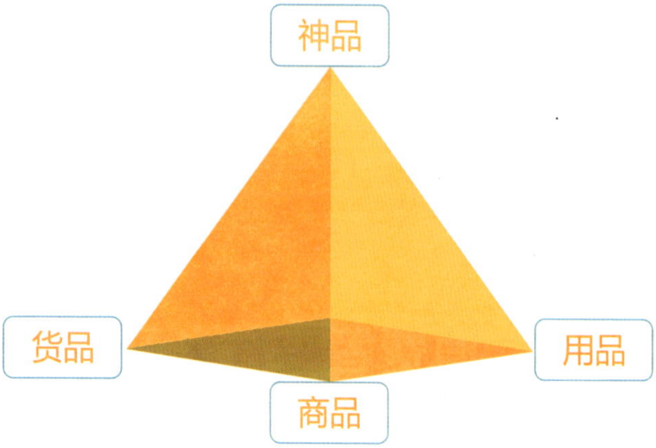

图5-2 神品与货品、商品和用品

5.1.1 消费者如何连接产品

新时代，产品会以体验为主，应用为辅。体验才是心理连接，应用只是肢体连接。消费者必须认清产品的本质，本质就是用好产品改变我们的生活，用生活体验改变产品的质量。

随着世界变为地球村，产品的连接越来越简单，整个过程是四个步骤：订制产品、使用产品、依赖产品、产品创业，如图5-3所示。

图5-3 产品的连接过程

1. 订制产品

订制产品的前提是客户下单。订制不是创新，20年前衣服都在量体裁衣，每款都是订制。一说订制，人们想到都是单一的、个性的、要开模具生产的。

新时代，订制的是流程，就是消费者先下订单，工厂收到订单再开始生产。例如，每月的油、大米、面粉、牛奶，提前订制，每月固定时间送上门。有些家庭成员多，大米要送双份，或两个月送三份，这都是订制。随着智能化、工业化、信息化的发展，订制门槛更低。就是在标准化的基础上，进行个性化服务。

人与产品的连接，必须先行付款，客户下单，这是连接的第一基础。

2. 使用产品

好产品，重复使用会形成认可度、美誉度、忠诚度，会维护产品的形象。谁说产品不好，生产者会与之辩论。消费者会轻易更换产品，直到遇到认可的产品。

为什么中高产阶层的消费力那么高，为什么月收入1万元的人，一年购物支付超过18万，就是不断更换产品的结果。

人与产品的连接，必须是邮购产品，送货上门，这是连接的第二基础。

3. 依赖产品

依赖感是发自内心认可产品，是产品最高维度的连接。消费者有了依赖度，根本不在乎别人说什么，也不屑于跟别人斤斤计较。开特斯拉汽车的人，会在乎别人怎样评论他吗？我用着小米手机，无论别人评论什么，没有丝毫动摇，下一款还会用。

人与产品的连接，必须是重复使用，用出感觉，这是连接的第三基础。

4. 产品创业

当我们长期消费某个产品，会成为产品的股东，享有分红和股权。

如何实现？因为消费者是从订制开始，厂家省去所有营销成本、推广成本，而且是先收钱后生产，相当于消费者成了股东。当消费者集结成一个团队，捆绑成大的订单，就是一项巨大的投资，这就是用产品创业。任何小区的大米、面粉、饮用水，都是巨大的订单。

人与产品的连接，必须形成回馈感受，这是连接的第四基础。

刚需不刚，当满足了需要，有了选择范围，需要就不再是刚性了。套路末路，从早上打开手机，到晚上放不下手机，一是好玩，二是套路深，让你停不住手。互联网上半场就是靠套路、段子、忽悠、心灵鸡汤；互联网下半场，靠算法、科学、人与人之间的新关系，新连接。

5.2 生产者造什么产品

说起生产者会有什么印象？工业园，大烟筒，灰色工衣，排队上班，排队下班；说起生产老板有什么印象？豪车，排场，喜欢开会，喜欢炒房，婚嫁大排场。

事实上，生产厂家一直是个煎熬者，许多城市因生产而盛兴，也因生产而衰落。例如台资企业、日资企业、美资企业聚集的城市，当外资撤走，留下的是什么？而且，总是先生产，发货后过一段时间才能收款。所以，许多老板不能专注产品，到处找渠道。没时间询问工艺和需求，只想学一招鲜，换个定位，请代言，找代理，铺市场，导致现在的产品良莠不齐，质量差距拉大。

下面来看看生产者在造什么产品，如图5-4所示。

1. 仿品

现在的山寨货、A货、水货、冒牌货，就是仿品。许多不冒烟的酒厂，大卡车天天往返拉货，这是什么黑科技，不用蒸馏技术制作白酒，直接冷处理？

为什么会有仿品，有需求当然有仿品，仿品冒充正品充场面，撑面子。所以，仿品的根源还在于消费者。高产阶层不用仿品，但中低阶层会购买仿品，未来几年，仿品不会淘汰。其实许多平台，每年花销在“打假”的费用，已经超过研发费用。

2. 正品

大型超市摆放的产品就是典型的正品。正品的竞争大，经常带着赠品，带着促销。许多第三方公司，广告、营销、咨询公司，功夫都下在促销和包装上，买正品送赠品。商场每周末都有活动，用赠品吸引消费者关注，以推广正品。而这些正品生产商，都是品牌响亮的公司，响当当的集团公司。

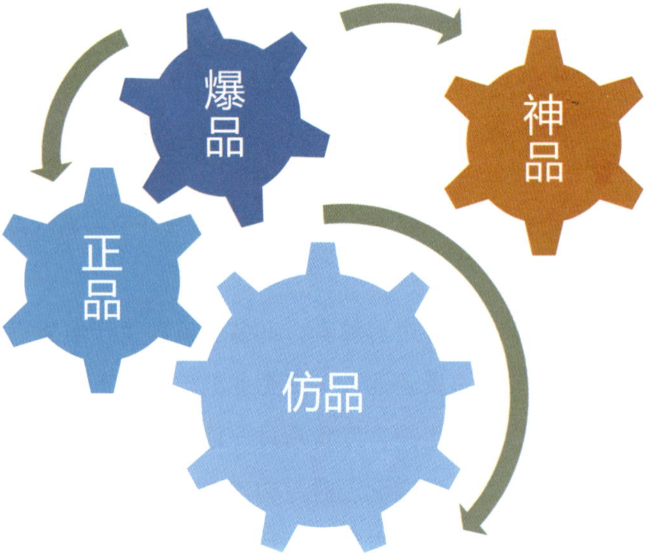

图5-4 生产者造的产品

打折无尽头，活动何时是个头？好门配好锁，还是好锁配好门？好门好锁为什么要打折？

3. 爆品

唯有爆品才能赢得市场，获得依赖。中产阶级要的是正价的爆品，而不是廉价的仿品。例如插线板，在小米出现之前，找不到两款好用的插线板。小米插线板出现，这个市场才开始搅动，其他厂家纷纷跟进。之前为什么不更新，非要等小米进场？

为什么以前没有搅动，一潭死水，就是没有逼到那个份上，凑合一年算一年。消费者无法体验爆品，但交的费用却比爆品价格还高，而且还不包括产品质量不好重复购买的费用。生活中，至少还有1000个细分产业需要搅动。爆品就是咖啡棒，搅出好咖啡。

4. 神品

消费者眼中的神品，主要来自于国外奢侈品，这并非崇洋媚外，而是在制造工业上有落后。先体验一下世界各国的神品，“神”在何处。

德国做“精”，将生产工艺科学化，称为工业4.0；瑞士做“小”，例如手表，军刀，特点就是手工打造，注重传承；美国做“大”，注重全球市场，世界500强多数在美国；日本做“省”，注重精益生产，将生产成本降到最低，将传承做到最高，所以日本企业最长久；意法做“奢”，如香水、时装引领全球，特点是应用了神秘元素，体验产品都在体验神秘心情。

但是，这些神品几乎都在中国生产。神品在生产者眼中，就是参数、标准、母机（生产机器的机器）、质检。神品并不神，我们完全有能力生产世界一流的产品，只是时间问题，而且就是近5年的事情。

为什么我们40年艰苦奋斗，勤俭节约，却把遥控器做出那么多按钮？汽车内饰做出那么多功能？管理过程出现那么多名词？甚至知识付费之后，出现像星星一样多的新概念？是中国人需要功能多吗？还是我们缺少概念？

只要我们敢于砍掉多余部分，多余细节，多余功能，神品就显现了。每根木头，每块石头，每个产品，内在都有一尊神，只要敢于去掉多余部分，神相就显现了。

5.2.2 生产者如何连接品

过去，老板藏在产品之后，生产了什么产品，他非常清楚。今天，老板站在产品之前，展示产品的全过程，展示着日常生活，展示着合伙人团队，消费者看到的是一群正能量、热爱生活、具备匠人精神的人，如小米雷军团队。

生产爆品，升级工艺，中国制造升级为中国智造，并不难，难在老板的思想。

前几章，说老板要分配，要分红，要帮助人圆梦，还要花钱升级工艺。老板很务实地说，升什么工艺，停工一天，工人都没饭吃，怎么办？升级工艺还要投钱，钱从何来？升级以后就有销路吗，如何保证？固守现在，难道就不会被淘汰吗？

时间是个坎儿，唯有时间可以洗练一切，淘汰一切，重构一切，别无他法。重构的钻石法则，重构一切，如图5-5所示。

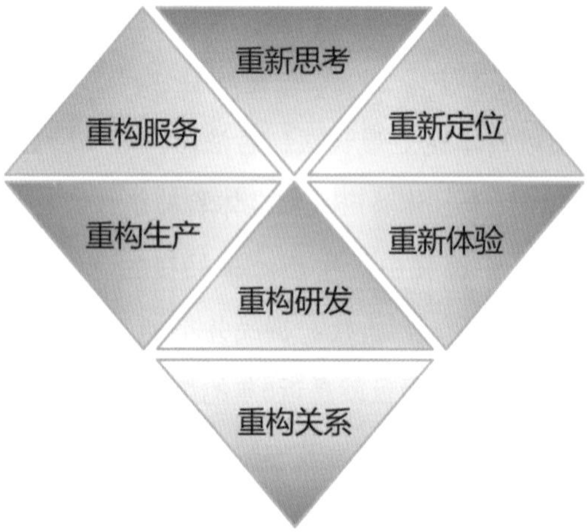

图5-5 重构的钻石法则

1. 重新思考

从管理上讲，公司第一产品就是老板本人。老板能影响多少人，就能拥有多大的团队。老板生产什么产品，就能拥有什么样的团队。是让爆品生存下来，还是让仿品生存下来，这是前提思考。

2. 重构研发

研发决定产品是什么品。我们能造出别人的神品，当然也可以造出我们的特色产品，只要功夫下到研发上。只是现在，人们的创意放在了包装、代言、口号，尤其是与明星共舞之上。明星代言价格越来越贵，而且出事（其实就是生活上的事，在老百姓眼里就是绯闻）机率高于上一代明星。

3. 重新定位

真产品是商业的内核，而不是定位。定位是个伟大的理论，但找定位和找明星一样，要花巨资才能找到，然后再用一笔巨资推向市场。定位，就是雕刻，一直刻到不能再刻，就显现出来了。编出来的定位和口号，都是外围。自称“高端”，保证不高端。

4. 重构生产

过去，用生产扩大规模，旺季招工，淡季减员。现在，有订单才开工，不用担心上游，不必在意货款，连到产业之上。现在，消费者非常愿意为工匠精神买单了。

5. 重构服务

要将退换货的流程固化，服务从“投诉有罪”转化到“投诉有奖”，不要为难客户。退换货按流程，让人们省时省心省力。为什么以前百般为难客户，假货造太多了，否则谁愿意去退换？谁愿意折腾？

6. 重新体验

新产品上市前，必须亲身体验功能，并且随机购买产品，体验产品的咨询、服务、投诉，随时做出改善。内部把好关，老板就能省去70%的交际，80%的应酬，90%的饭局。之前饭局为什么那么多，酒喝那么多，包厢那么多，只有品质差才会没完没了地谈。

7. 重构关系

现在是抢客户时代，寻找依赖客户本就非常难，还有玩短平快？小米有1000个铁杆粉丝，他们能获得免费赠送手机，体验新功能。腾讯集团马化腾那么忙，还在为新产品把关。微信每次更新都有体验版，申请才能试用，在运行中修改错误，然后推送正式版。

下一步，竞争格局是全球化、无界化、智能化，用区块链思维连接后，每个生产过程都能成为消费者的福音，然后用爆品开辟出一个新市场。

由此可知，“先开枪，后瞄准”这个理念害了多少老板，这本就是站在旧商业角度，短平快基础上，拿客户练手，出手前就准备伤害消费者，摧毁生产者。用劣质产品开创市场，把客户当鸟，消费者就不能跑到隔壁的树上吗？许多一线名师还在讲课宣导，幸好他自己的公司一塌糊涂，开的研修班学员所剩无几，否则市场还在“轮番赶鸟”。

5.3 运营者推什么产品

理论上，运营商是最容易发财的一群人，会搅动市场，会攫取财富，会发现商机。近几年，运营商有以下三大怪象。

（1）总喜欢从自我喜好去研发产品，总觉得消费者需求不变。

（2）总以为请明星做代言就变成名牌了，以为用一个广告投到电视上，就成为品牌了。

（3）企业发展到一定程度，总想走直销路线。

分析第一个怪象，消费者需要自我研发。

消费者大多时候并不知道想要什么，苹果手机iPhone 4出现之前，人们都在用着键盘手机，也没想到会出现一款手机只有一个按钮。特斯拉出现之前，人们也不知道，汽车前盖打开，也是一个行李箱。区块链出现之前，也没想到只有一个比特币，没有一本书能绕开比特币谈区块链。当然，那是在我的书还没发行之前。

闭门研发，找不到消费需求，需求入口很难找吗？一叶知秋。一条街铺反映一个楼市，一个大厦就是一个产业，一次地铁就是一类需求。看地铁里人们在干什么？免费派送的报纸都不愿意领了，都在玩手机。具体就是看电子书、玩游戏、刷微信。

进一步看如何玩？单手单指。所以，设计APP，关闭窗口尽量不要在右上角，交互过程不要太复杂，尤其是注册这一步，不要一打开就放广告，出现主页就要注册。现在的人们已经懒到别人写几千字，自己只点一个赞。难得有人下载，就不能留着用户吗？用户体验差就删除，前期广告投放不都浪费了吗？

新时代的运营商，必须用好手机，全方位交互，一步一步进行，一点一滴留住客户，要知道，许多优秀的APP，“推送”都是默认关闭的。一线城市的青年，大多数人有偏执感，APP打开一次，没完没了的推送，这不就是葬送入口吗？

消费者的口味越来越挑了，如果可以访问国外APP，那手机上又会删除一大批APP。

分析第二个怪象，产品名气大于一切。

耐克、阿迪达斯现在都不这样想了。偏居一隅的产品运营商却总是这样撰写着策划方案，利出一孔，所有钱砸到电视台，先成为名牌，然后销路就自然而来了。

真是这样的吗？名牌是电视台广告砸出来的吗？名牌就会有销路吗？名牌用的商业模式讲，就是三句话：我是谁！我从哪里来！我要到哪里去！这三句话，连保安都在用，如何帮助运营者觉醒，如何让产品在商海中冲杀出来？这是从本位出发，自我推广，口号取得一厢情愿。ABC时代，消费者不再关注你是谁，而是关心自己有什么感受。

定位是产品的延伸，不是强行赋加的。功能是产品的外显，不是简单策划出来的。别再想着把牙膏口径做大，让人早点挤完。这不是什么商业经典，在今天也不值得再提。

另外，定位是从感叹号出发，典型的皇权思维和保安口气。现在，要的是找到客户需求，用产品去连接。产品本身就是“活到老，学到老”的存在，必须升级思维，升级为以下四句话。

（1）我们的客户是谁？

（2）客户需求点在哪里？

（3）客户如何和我连接？

（4）我们如何共同创富？

以上四个问题想清楚了，位就定好了。用无形情感配上有形产品，用有形产品呈现无形感觉。让理智牵着我的手，然后跟着感觉走。

分析第三个怪象，总想做直销模式。

10年前，直销的爆款是牙膏；5年前，直销的爆款是面膜；2年前，直销的爆款是口红；现在，要找到下一个爆款，自带流量的爆款。

重点是“下一个”爆品，当大家都找到爆品之时，也就是过时之时。当爆品畅销之时，也就是过气之时。当人人都了解爆品之时，就是摧毁市场之时。这是绝后营销，年初出来，年尾就会消失的营销手段。这就是为什么“互联网出懒人，直销出穷人，分销出难民”的原因。

从这个三个怪象可以看出，运营商就是这么有头脑。什么产品到了运营商眼里，看到的不是功效，而是宣传文案、产品口号、营销广告、客户印象。

改变与客户的连接方式，反过来升级产品，这就是运营商的心法。具体做法是有以下四点，如图5-6所示。

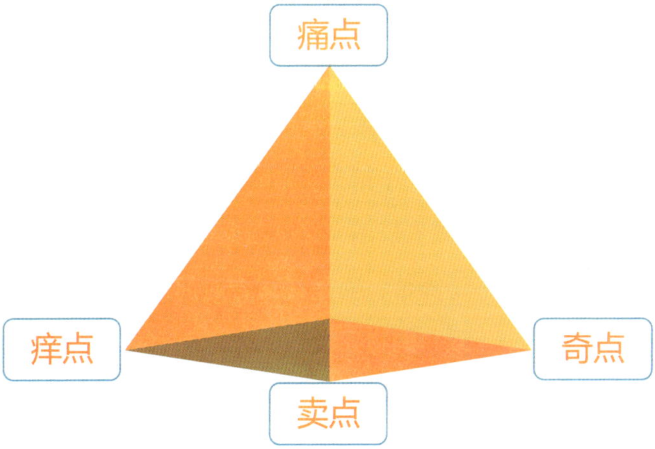

图5-6 运营商的心法

（1）痛点。

产品能卖出来，就是解决了痛点，痛点就是不得不解决的难题。客户有痛点，就是感冒找药一样。如果没有痛点，可以挖掘客户的痛点，然后加深。痛点非常关键，广告中的药品都是在挖痛点。

（2）卖点。

卖点是运营者总结出来的特点。寻找卖点有个重要的原则，不是找对卖点，而是不超过三个卖点。卖点越多则越无效，例如卖车，现在汽车有太多选择，尽可能找到所有卖点，然后排序，把前三位卖点加工提炼，这是真正的卖点。客户不是为卖点多而买单，而是为精准的卖点买单。

（3）痒点。

痒点就是好玩、心动、诱惑。拥有了未必会解决问题，但不买就难受。知识付费就是典型的痒点，不买心里难受，买了未必会看。每当聊起付费产品，各种听书、专栏、金融课程，只是说买过，已经拥有了，具体有什么用处，说不上，反正是止痒了。

（4）奇点。

奇点就是爆点，是产品发力的点。找到这个点，就可以用产品点亮市场，引爆全国，成为传奇。如何寻找奇点，可以从中华的五行智慧感知。

1）品质如金：好产品是立世之本，好产品是发力的开始。

2）实用如土：产品最终拿来使用，实用的产品必须接地气。

3）升级之木：客户永远喜新厌旧，好产品也要不断升级。

4）促销如火：促销不是降价，而是在适合时间回馈客户。如苹果公司的“黑色星期五”，天猫的“双11购物狂欢节”，京东“6·18购买节”。

5）流通如水：产品通路、物流、铺货，要像水龙头流水一样触手可及，这是终极通路。

以上四点运营（产品）思维，会互相转化。有时卖点就是痒点，例如小区老王买了一辆宝马，老张马上换了一辆奥迪，真正目的是把老王的气势比下去，仅此而已。为什么要比下去，因为老张每次遇到老王，老王总要拉下车窗说：”老张，你这奥拓跑得挺快啊？我挂二挡都跟不上。”这就是老张的痒点，因为痒点而买车，而不是因为汽车4S店介绍的卖点去买车。当汽车4S店知道这个原因，就可以把痒点转化为奇点，形成店面特色的增值服务，扩大营销价值。越是高档产品，越不需要所谓的痛点，也不是功能，而是痒。

5.4 产品产业化

下面来看改革开放40年，我们形成产业化的过程。

1978—1988年，第一个十年，用体力“换”钱，体能好的，能换到更多的钱。

1988—1998年，第二个十年，用双手“挣”钱，积极主动的，抢到时代的商机。

1998—2008年，第三个十年，用头脑“赚”钱，头脑灵活的，发现未来的机会。

2008—2018年，第四个十年，用网络“引”钱，影响力大的，抢占了高度，抢到了商机。

新时代，用全新关系“连”接价值，连接人—事—物—钱之间的价值网，连接产生未来价值。

放眼欧美国家的产业，他们在20年前，当我们用扁担在码头打天下时，他们已经用可乐、迪士尼、好莱坞吸取我们的真金白银。

现在，我们不可能用人口优势去反击，也不是制造可乐回击，更不是升级黄金扁担回击，这都非常难。我们要扬长避短，发挥自己的长处。

我们有5000年的文化底蕴，有巨大的消费力，有强大的制造能力，将消费者、生产者、运营者进行连接，成为一体化。现在新进500强，互联网前10强，就是发挥了产品产业化优势。

产品产业化，具体有四个关键点，如图5-7所示。

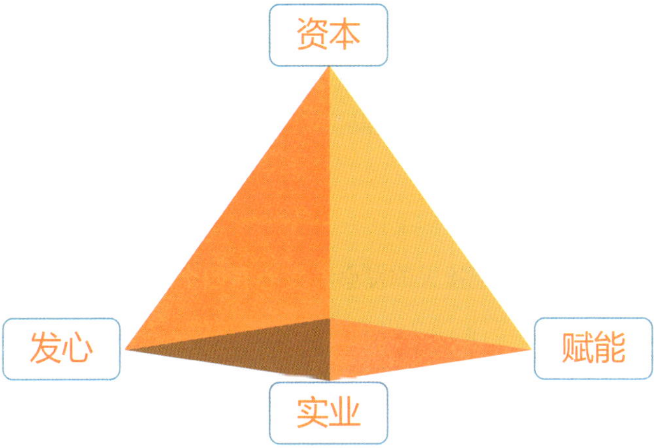

图5-7 产品产业化的关键点

（1）实业。

产品是连接工厂、消费者、运营者唯一的纽带、桥梁、基础。实业，不止生产制造，而是实实在在存在的产业。必须与实业相连，否则空对空。

网络上的公司同样是实业，通过文章、视频、软件，将产品与情感连接，然后将产品邮寄给客户。反之，“群控”“黑产业”“钓鱼网站”“高仿产品”就不是实业，因为无法见光。

生活中，工作中，就是找寻这种连接，创造这种连接。发现爆品同样是实业，如美容院老板到其他店里去体验，发现了新产品、新服务，哪个环节不是实实在在存在的?

（2）资本。

凡是产业级，竞合关系，“生产者+运营者+消费者”三位一体，都需要资本的拉动。自我孵化无法跟上时代的变迁，等不及用户孵化，来不及培养和试点，必须用资本催化。

资本是一把双刃剑，放对位置就是价值，放错位置就是热钱和炒作。有价值就能造福人民，炒作就要接受“一行三会”惩罚。

未来几年的城市商业银行，会升级为产业银行，贷款给产业生态，而不是贷给矿山、煤炭，贷给本不缺钱的大型集团。银行内部，也会变成服务机构，把傲慢去掉，把权威放下，把神秘拿掉，这不是改革或改变，这是银行业的必由之路。一个国家，银行业赚钱如流水，证明不了市场繁荣，只能证明其他行业生存艰难。

（3）发心。

连接必须出自发心，连接人的发心。发心有四个层级，适用于任何产业。

1）鬼道：给零取一，追求不劳而获，剑走偏锋。牛鬼蛇神那么多，都在设圈套。看现在的弹出广告、网页游戏、谣言公众号，全是鬼道。

2）商道：给一取万，追求交换，少付出多回报，先开枪后瞄准，商业由此开始。

3）天道：给十取一，一个功能，给十项服务。许多留存的实业，留存的APP，都是一个核心功能，多个免费功能。打开微信看看，哪项是收费的，哪些功能是免费的？这就是符合天道的APP。

4）佛道：给万取零，以慈悲之心救世，不求回报。因为不求回报，最后获得了万千回报。有前人种树，后人纳凉的发心。经营任何产品和服务，都不能破坏后世环境，这就是佛道。

判断一个产业的前景和维度，就看处在哪个层面。不要试图让鬼道消失，这是人性的阴影，只要有贪欲，占便宜、走关系，鬼道永远都在。

必须用佛心，走天道，用商道的武器，顺势让鬼道消失。

（4）赋能。

要让合伙人创造价值，就是给他赋能；要让企业创造价值，产业就要给企业赋能。整个产业，为社会赋能，而国家时刻为我们赋能。为我们营造合理的环境，合适的生机，合规的机制，合作的契约。

赋>斌，赋本意是发现人才，斌本意是展示才华，发现人才比使用人才更重要。

企业之间合作，点的思维；行业联盟，线的思维；产业，链的思维。思维层面，一个点难以维持，一条线难以竞合。至少形成一个产业链，由四点连接才可以生存。

用资本拉动实业，发自内心，互相赋能，才可以连接内核，形成产业生态。产业生态不是产业的延伸，而是产生全新的生命。

视频 7　爆品机制：持续连接，呈现价值

一尊佛像，在雕刻人眼中是个活儿，在运送人眼中是个货，摆到庙堂中是雕像，有人敬香时叫佛像。产品的位置决定价格，心理定位决定价值。扫码看视频，为你破解爆品的秘密。

第6章

客情机制

新时代的客户关系，让连接延续。剖析三种组织架构，重新构建内部合伙人关系。通过四个维度，全方位连接外部客户。化解生产者、运营者、消费者三者之间的矛盾关系，四度连接合伙人，四维连接合作者，四真连接产业，共同托起产业空间。

木章教你：

- 6.1 内部合伙人
- 6.2 外部合作者
- 6.3 产业空间

新时代，企业的竞争力已经升级。大家一交流，不再比拼营业额、员工数、客户数，也不比拼自己的身价，比拼酒量，比拼座驾，因为情势已经变了。

看公司有多少人，已经不是人力资源编制的员工数量，而是和老板一条心的人数，能为企业操心的人数，跟随公司步调的人数。

看公司实力有多强，已经不是市场部存档的业绩，而是和老板同一方向使力的人数。如果有一个相反的力量，可以抵消四倍的力量（一个负能量，需要四个正能量抵消。四个人台上跳舞，台下一人喝倒彩，四个人的欢喜全部抵消）。

看公司客户有多少，已经不是客户关系管理中的数据，而是对产品有好感，把产品用出效果，并且可以分享产品的人，就是粉丝数量。

由此可知，经营企业不止是经营员工，还要经营客户。当企业对外宣传时，要制作宣传手册，简单介绍内部团队，大篇幅介绍客户，尤其是和大客户的合作情况。所以，企业的价值，本身就包括内部合伙人与外部合作者。

过去，老板、员工、客户是一个矛盾对立的三角关系，三角形本就具有稳定性，所以这个关系牢不可破。表现在有提成才感恩，没提成不感恩；高提成才有好服务，没提成就没好服务；有职位才担当，没职位不担当；有投诉才回应，没投诉不理会。

过去，老板、员工、客户之间的关系叫人脉，企业发展先发展人脉，人脉就是钱脉。有关系用关系，没关系先找关系，这是10年前的金科玉律。人脉是从三缘（血缘、情缘、事缘）开始，是外围的连接，弱连接。

现在，建立新关系，用分配机制连接员工，成为合伙人；用爆品机制连接客户，成为合作者。大家形成一体化与产业连接，成为产业空间。落地就是客情关系，强连接。

“客”就是和你有关系的人，能进你家客厅，但又不是你家人；“情”就是和你有关系、有情感、有来往、有连接的人，但互不隶属，互相依存。

客情关系，以价值连接，而不是以关系连接。关系是个中性词，不褒不贬；关系是个中性方式，不推崇、不避讳；关系是个中性法则，成于关系，也会败于关系。

新时代的客户关系，决定企业发展，影响着企业文化。企业越大，内部关系越复杂，外部关系越错综。文化越好，关系越单纯；文化越差，关系乌烟瘴气。

新时代的客户关系，以价值连接，落实方向就是化解三方矛盾，落地方式就是客情机制，如图6-1所示。

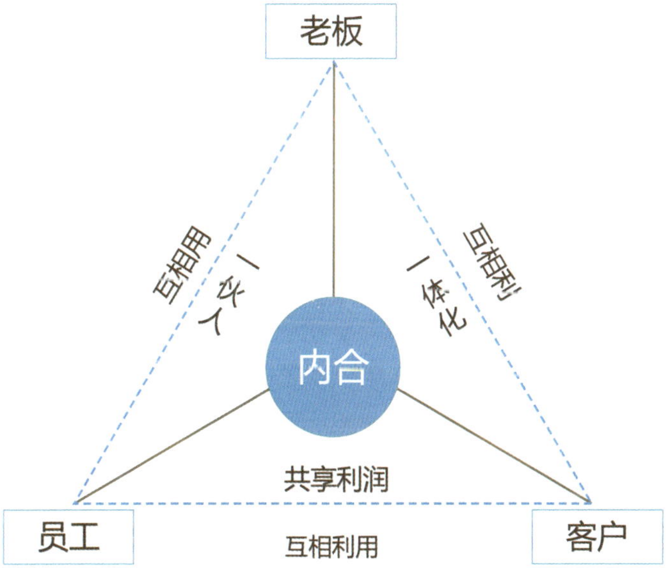

图6–1　新时代的客户关系

6.1 内部合伙人

企业为谁而存在？华为总裁任正非给出了独到见解：“为客户服务是华为存在的唯一理由”。

企业存在，靠的是合伙人支撑，合伙人就是企业的四梁八柱。合伙人思维是四同金字塔。

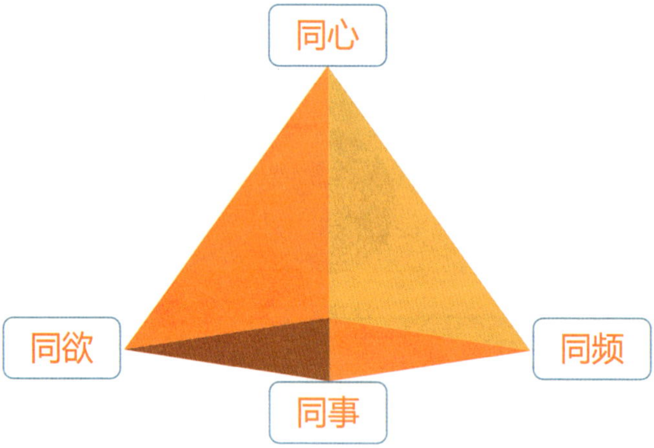

图6-2 合伙人金字塔

（1）同心。

公司能生存的通道就是连接客户，同心协力，以客户为中心，让企业的业务和运营围绕客户运转，将客户价值最大化。表现在企业组织架构方面，组织架构是企业战略的呈现，决定以谁为中心而运转。下面来看过去的服务架构，如图6-3所示。

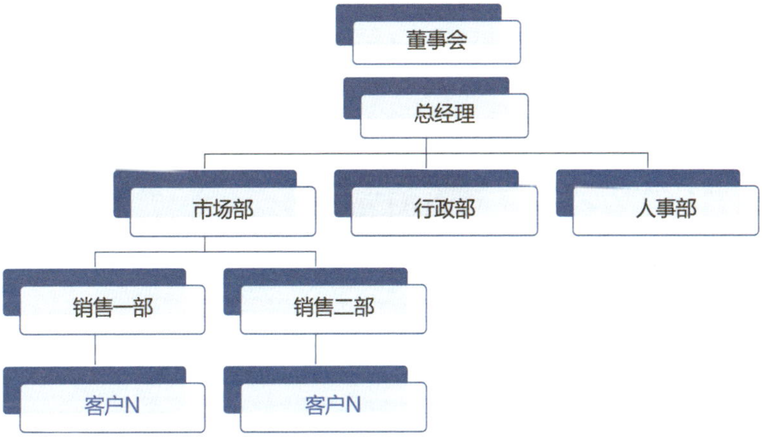

图6-3 金字塔组织架构

这是标准的金字塔式结构，从奴隶时代到工业时代，一直沿用至今。这种架构在信息时代如同一只恐龙，行动迟缓，尾巴被咬都无法反击。这种架构就是得了“大企业病的小公司，客户要回馈信息，迟迟无法反馈到高层。什么公司有大企业病？就是老板喜欢站在最高处俯视客户，不听客户情报，专门打听小报告的公司。

大企业的“大企业病“表现在内心的傲慢，不是组织架构的庞大。大企业通过升级信息，庞大的体积可以像麻雀一样灵活，具体就是升级金字塔组织为同心连接的组织架构。以客户为中心，客户像总裁一样重要。领导层围绕着总裁，管理层围绕着客户，双中心运转，每个部门与客户是弱连接，客服中心是强连接。如图6-4所示。

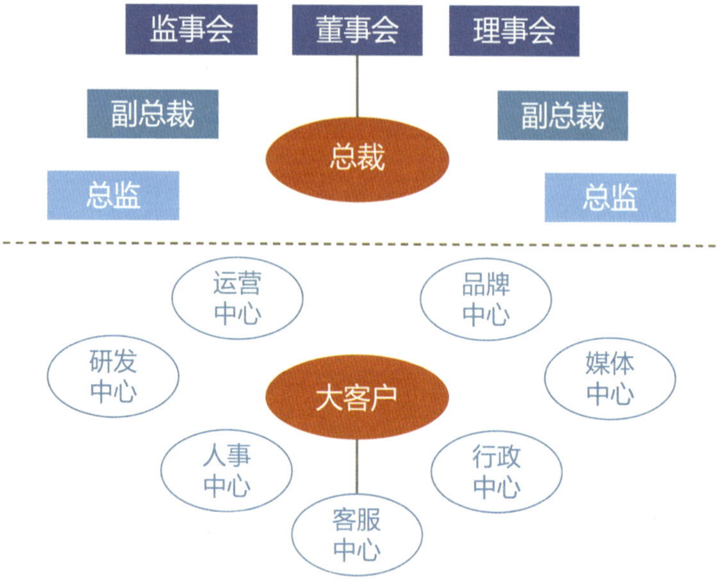

图6-4 以客户为中心的组织架构

现在迎来智能ABC时代，企业以全新方式连接，不是围绕着客户像车轮一样旋转，而是从连接开始，一边成长线，一边发展线。成长线以人的价值为始，发展线以产品的价值为始，向外漩涡式生长。内部合伙人随着与客户的交互而达到成长和晋升。客户就是生长的土壤，企业在服务客户中茁壮成长。这个比双中心结构更具趋向性、原创性和颠覆性，如图6-5所示。

看现在的顶尖企业，创始人无一不是站在公司前面，宣导着公司的理念，宣传着公司产品。正如我们能频繁地见到马云、马化腾、刘强东、周鸿祎、董明珠、雷军的身影，还经常看到任正非内部会议文章。最高领导人站在公司前面，站在光下，产品是真是假，一目了然。

如果广告在前，产品在后，老板无影无踪，这样的产品是真是假，也非常清楚。过去几年，就是这类公司，几乎把诚信消耗殆尽，无商不奸，在世界人的眼里，凡是我们造的产品，都会打上几个问号。说白了，就是没有同心，与产品不同心，与客户不同心。

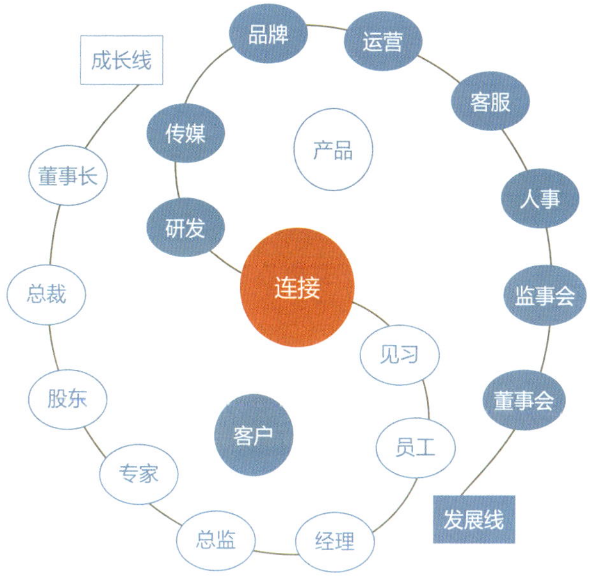

图6-5　双螺旋式组织架构

同心，必须是漩涡式生长，像太极一样，生生不息，初心不改。

（2）同欲。

《孙子兵法》中讲，上下同欲者胜。上下同欲对于企业合伙人来说就是：这是我的船，这是我的团，这是我的错。

对于企业发展，大家拥有同一个战略意图，将最高层的想法落实下来。老板经营好员工，员工服务好客户。老板对员工依赖，员工对客户依赖。老板把优秀员工当作MVP，员工把客户当VIP。老板奖励员工，员工回馈客户。

对于外部客户，大家有独特的交互方式，独特的联系周期、联系方式、联系力度、服务欲望，如表6-1所示。

表6-1　对外部客户的交互方式

类别 / 职位	连接力度	关注事情	沟通周期
CEO	小	不参与细节沟通	CEO对接CEO

续表

职位＼类别	连接力度	关注事情	沟通周期
分管副总	大	主要连接客户数据	分析企业战略与商机
项目经理（部门经理）	最大	主要工作就是抓进度，防范风险，处理难题	定期组织活动，与客户互动，并且介绍新客户参与
销售人员（大客户经理）	中	产品方面沟通，事前沟通力度最大	成交之后，服务较少
窗口人员（店长与店员）	大	服务窗口，交流窗口，实时服务，工作内容就是服务	上班内容就是服务，职业化服务
其他部门	小	以客户为中心的沟通模式	间接服务

（3）同频。

同频表现在共同进退，一同学习，一同成长，步调一致服务大家。

企业做许多培训、户外拓展、调查报告，其实就是让大家步调统一、行为统一、执行统一，以一个节奏合作。只有同频才可以整体前行。例如，整个公司爬山游玩，上山、下山，是不是等到最后一个人下山，坐上车才算结束。而最后一个人和第一个下山的人，是不是会差一个小时？这就是不同调。

例如，处理客户投诉，必须由公司全员站在客户频道去服务，只要客户不是无赖和碰瓷，全员必须同频处理。如果客服一套方法，经理又一套方法，堵着老板的车，老板又给了一套方法，这就是明显不同调。

再如，买家具找店员一个价，找店长又一个价，内部有“熟人”再给个内部价，这样的家具公司能做大吗？能做到全国连锁吗？

再来看现在的B2C巨头，无论找到任何人都是按章则办事，不能说客户会100%满意，但对外的服务窗口、服务标准，都是按既定的标准、流程、机制来办事的。苹果手机专卖店、小米专卖店、格力专卖店都是同频操作，就像空调一样，一款一个频率。

（4）同事。

“企”因人而存在，这个“人”就是连接的人，不止于客户，还有供应商，上下游。大家共同做一件大事，叫“同事”，也叫“业”。所以，企业就是做事，这是最根本的说法。

为了把事做好，把事升级，专家发明了许多词汇、理念、法则。例如，建筑房屋会给材料起一些名词，梁架、立柱。材料之间结合会起另外一些词，强度、力矩、韧度、转动。在此基础上还有牛顿定律、虎克定律、欧拉方程、哈密顿原理等。

同事，才可以合力，把事情做好，具体表现就是以下四种人。

1）心中有事，手中有事，晋升使用，见分配机制章节。

2）心中有事，手中无事，培育使用，见育才机制章节。

3）心中无事，手中有事，约束使用，见约束机制章节。

4）心中无事，手中无事，从零开始激发梦想，见梦想机制章节。

同事是合伙人内核，保证企业生存之本。同欲是合伙人的前提，保证企业立世之本。同频让合伙人发展，保证企业升级。同事是合伙人的延伸，没有事，大家只能是空情，空对空产生不了真情。

6.2 外部合作者

《世界上最伟大的推销员》一书风靡了半个世纪，现在应该升级为《世界上最伟大的服务员》。

服务员，服务内部就是同事，服务外部客户就是服务员。马云是阿里巴巴集团服务员，马化腾是腾讯集团首席体验官（产品服务员），京东创始人刘强东也是服务员。

服务员，未来是一个非常有价值的职位，航空公司是典型的服务体系，头等舱的食物、杂志、排队、入舱通道，与普通舱等服务完全不同。

再如，老人、小孩、孕妇享受特别服务，都有单独窗口、专属座椅、专人通道，这是新时代的服务升级。从一点服务到多点服务，从一点连接到多点连接。

例如，同程网之前订机票是一个连接，之后增加订酒店、订火车票、船票、旅游景点门票，还有白条服务、贷款服务，是多点连接。同程也是微信中的一个连接，而微信还可以购物、点外卖、骑共享单车、买保险、理财，还有处理社保、公积金、车辆（违章、停车、加油、摇号），几乎将人一生所对外的服务入口都囊括其中，微信是立位式连接。当然还有一种立位式连接，那就是支付宝。

处在竞合环境，只有两条路可选，连接与被连接。具体合作机制是四个维度，即长度、深度、速度、力度，如图6-5所示。

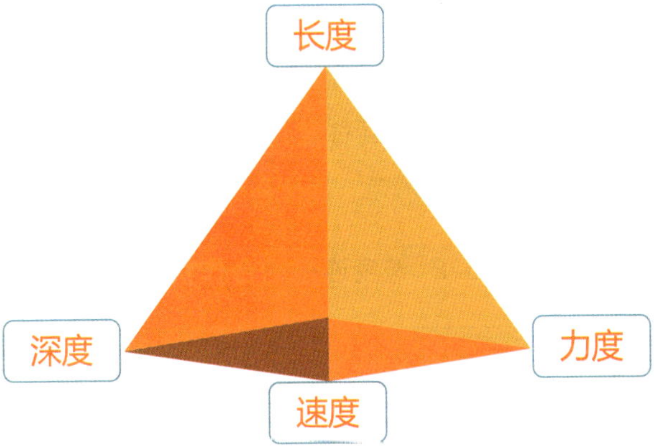

图6-5 合作机制的四个维度

（1）长度连接。

这是长期合作的方式。企业在变化中发展，在发展中变化，无论是做大做强，终究是为了做久，做久是终极连接。做久需要与客户互相合作，互相依存，共渡难关。

长久发展有六个节点，根据《易经》六爻，推演出六个合作阶段，如图6-6所示。

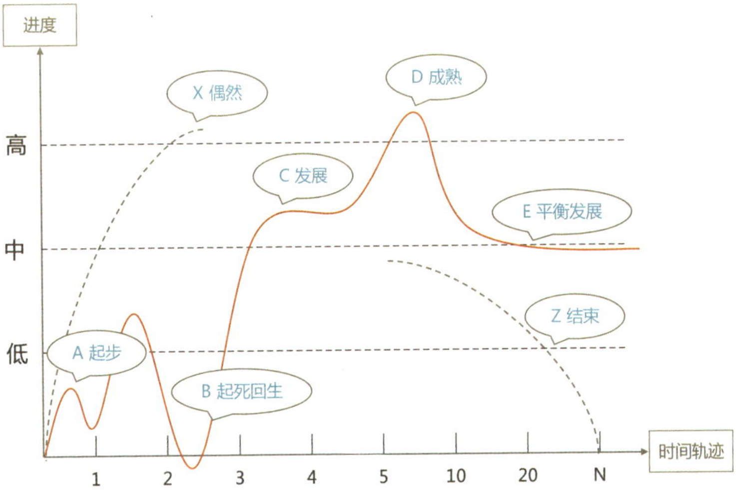

图6-6 长久发展的六个节点

从轨迹线可以看出，一帆风顺只是偶然，随时结束才是必然。每个节点都可能滑落到Z点（结束），必须在发展最好的阶段，孵化出新的模式，获得重生。任何公司都是这六个轨点的循环往复，没有任何一个企业合作可以维持在一个拐点上。每个阶段连接方式不同，具体合作机制也不同，如表6-2所示。

表6-2 长度连接的合作机制

关键节点	连接方式	合作机制
A点—起步	项目起步，遇到了客户，找到了市场	全公司，全心全意地服务客户 服务方式没有固定流程，没有书面保证，全凭一伙人的激情
B点—起死回生	以服务为导向，有求必应，有事登门	依然没有服务技巧，没有标准化服务，但服务的核心就一个字——快：到达快、安装快、服务快，随时响应
C点—发展	照章办事，按标准响应需要	有了工服、工牌、标准服务流程，每次服务还要客户评分，做事一丝不苟，给人专业的印象
D点—成熟	以公司形式，品牌化服务，体系化服务	开始分配各种机制，竞合机制、服务机制、标准化机制。服务不再是以前小张、小李、小王那样一呼就到，而有事先打400电话，走流程、说来意、等反馈
E点—平衡发展	发展进入常态化	利润平衡，人员稳定，开始走向上市之路
Z点—结束	任何一个节点，都可以滑落到Z点	产品机制，必须不断升级产品，迭代产品，跟上配套服务
X点—偶然	幻想未来没有崎岖坎坷	理念总会误导梦想，错乱现实

每一步都惊心动魄，每个阶段都不放弃，不抛弃，这样就能度过难关。每一步，如果因为套现、套路、跑路，都可能在金融管制、制度规范、全民觉醒之时走向毁灭。

必须时刻警醒，处理好每个阶段错综复杂的关系，低不弃，高不傲，平衡过渡，坚持就是胜利，奋斗才有未来。

长度连接，落实成具体操作的机制，需要注意以下几个关键点。

1）合作有早晚，客户有大小，有大客户就有黑名单，客户不是上帝，差异化服务是上帝。

2）把产品销售、客户服务、投诉都做成流程，每个节点都有责任人，每个责任人都有约束机制与共识机制，按标准处理问题。

3）特别事情，第一时间让最高领导人知晓（现在有微信，一分钟可以传遍整个公司）。

4）建立客户档案，树立标杆客户，为优秀客户颁奖，塑雕像，照片挂在墙上。

5）将客户合作写成剧本，拍成视频，在会议室和接待室中播放（99%的公司都在循环播放企业宣传片，做得还非常粗糙看三遍都腻烦。说白了，客户最想看的还是客户）。

（2）深度连接。

深度连接，就是深度合作的方式，主要体现在多方位合作。多方位合作体现公司实力，单一公司很难完成。例如，美食一条街解决了吃的需求，服饰一条街解决穿的需求，但客户要闲游一个下午，两条街都无法满足一家老小逛街需求，所以必须要有万达广场、盒马鲜生、迪斯尼乐园。

伟大的中医，就是多方向连接，可以治疗各种疑难杂症，有大方、小方、急方、奇方、偶方、复方、缓方。因人而治，因病而治。而“狗皮膏药”只是一味药，妄图治疗各种病症。

深度服务机制，有四个阶段，四种不同的连接。

1）初次合作。

初次合作，客户参与了我方的活动，了解到产品与配套服务，达成了合作，双方互访，认识了对方不同部门的成员，如图6-7所示。

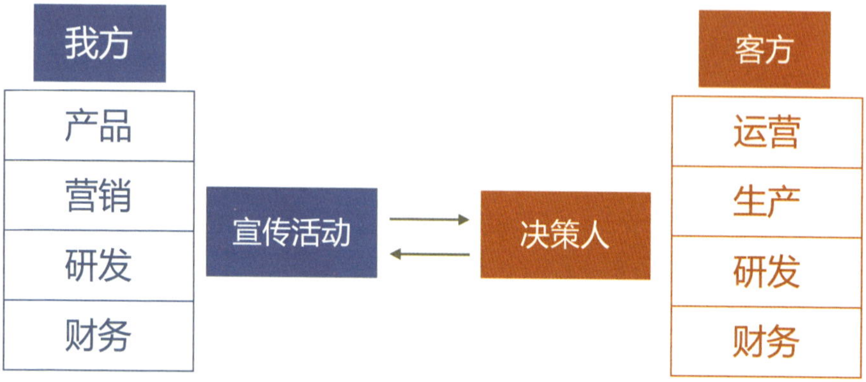

图6-7 初次合作的连接方式

2）实施阶段。

产品项目实施，进入个性化服务，对方部门负责人互相连接，以会议形式达成各种共识，让产品与项目快速推进。双方职位是举例说明，并非实际的职位，如图6-8所示。

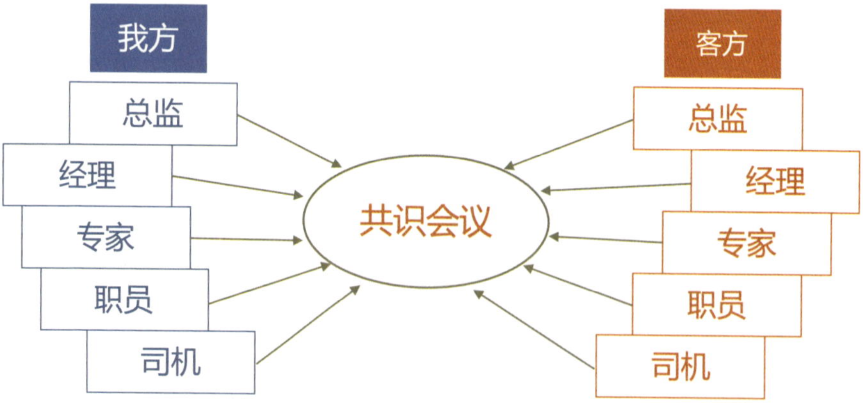

图6-8 实施阶段的连接方式

3）共识阶段。

项目稳步推进，双方多次来往，之前的联系人已居幕后，而是由项目相关人员、项目使用者、项目决策人具体对接，图6-9所示。

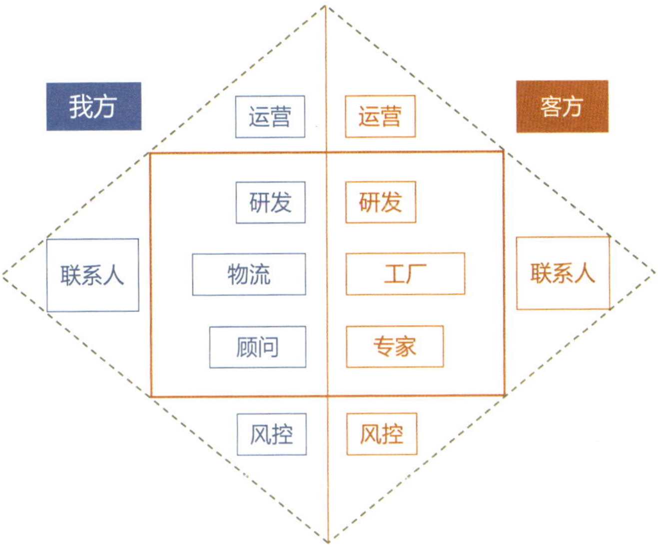

图6-9　共识阶段的连接方式

双方以共识为主，点对点具体连接，以项目具体事务建立强连接。例如ERP项目，出现软件崩溃、硬件崩溃、协议崩溃、服务崩溃，都有具体工程师服务。不必从对方前台或400电话呼叫售后服务人员。

4）共享阶段。

随着双方项目渗透与深入，各个对接小组形成点对点服务，并且立体形成对接小组，协助项目有效落实。也会成立第三方公司，由双方持股，共享资源，共同发展，如图6-10所示。

以上部门为举例示范，深度合作时对接的具体部门名称大同小异，职能都差不多。通过事与事的连接，进化到人与人的连接，最后形成价值与共识，抱团取暖，形成共享经济。

有深度的连接机制，才有真正的战略客户；有战略客户，才有真正的深度连接。

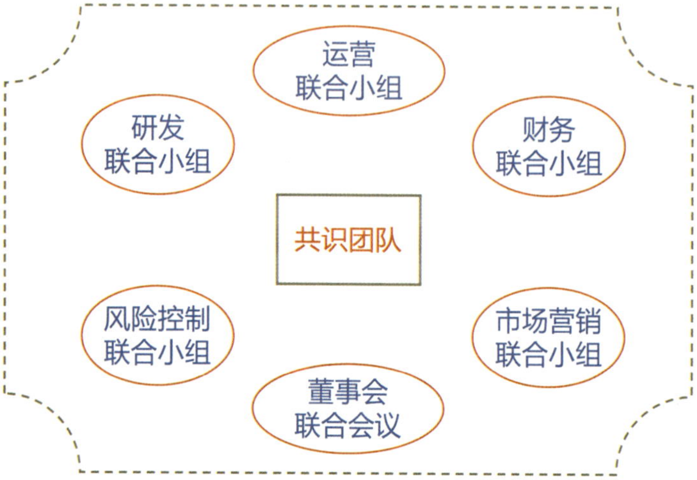

图6-10 共享阶段的连接方式

（3）力度。

有多少心力连接客户，就有多少价值出现。客户服务无止境，力度越大，连接越深，合作时间就越长。要落实开发力度，主要体现在以下三个方面。

1）找到客户未被解决的问题。

2）找到客户未被满足的需求。

3）找到客户未被重视的尊严。

前两方面用产品完成，第三方面用服务完成。别人未做到的方向，就是我们努力的地方。别人不能做到的，就是潜在的“金矿”。

力度的连接体现在六个维度，如图6-11所示。

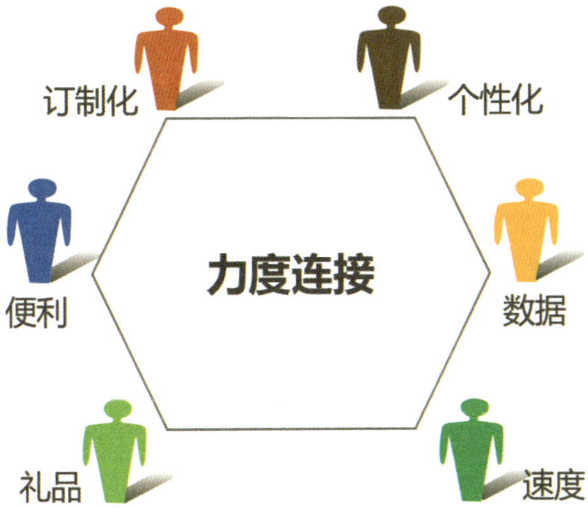

图6-11 力度连接的六个维度

力度连接的具体操作机制，如表6-3所示。

表6-3 力度连接的操作机制

价值连接点	具体操作方式
订制化	订制由客户需求开始，向生产商或运营平台下单，然后提前支付款项。生产商家收到款开始生产，并且可以根据产品规格进行制造。例如广告字，都是根据实际尺寸定制的
个性化	个性化并不是每个产品都不同，而是在产品标准化基础上升级 未来的个性化会成为常态化，不断更新，不断改变，千人千面，给人意外惊喜，因为人性喜欢新鲜，喜欢探索，喜欢合理的套路
便利	便利不限于便利店，用智能系统分析客户常用的产品，优化制造流程，不断降低成本，让产品质量更好。线上连接客户需求，线下解决实际问题

续表

价值连接点	具体操作方式
数据	数据包括客户的基础信息，交易偏好，通过云计算、智能分析，深度挖掘客户需求。数据越多，服务效果越好，与客户的误解和纠纷越少。以往的“麦凯66问”在数据面前，显得苍白无力。因为交易是强连接，人情是弱连接
速度	恰到好处的速度，就是客户想要的速度。海底捞把等餐环节做出创新，在“等待”过程中帮助客户染指甲、擦皮鞋。银行营业厅、机场VIP候机室，让大客户享受独特服务，可以看电视、看杂志、上网、喝咖啡，这就是速度的价值
礼品	礼轻情意重，小礼抵万金。礼品是一门大学问，要送对才有价值。合理的礼品是回报，不合理的重金是行贿。适用的礼品可以表达心意，不适用的礼品会带来负面印象

（4）速度。

越来越快的服务，用完即走的合作方式，还不粘着客户，这是新时代的最佳服务方式。速度的提升和变革，首先解决交易结构，形成点对点、一对一的合作模式，以此提高速度。先来看现在市场存在的交易方式，如图6-12所示。

中国电子商务进化轨迹：B2B—B2C—C2C—C2B—C2F，从企业到企业之间交易，到个人与个人交易。从厂家到我家，从茶园到茶杯，从酒厂到酒场，一步直达。没有中间商，只有数据流。

新时代每一件产品，在生产之前就知道客户是谁，个性化要求是什么，然后全球订制，全球生产，全球邮购，全球分享，都是人与物的流动，物与信息的流动。

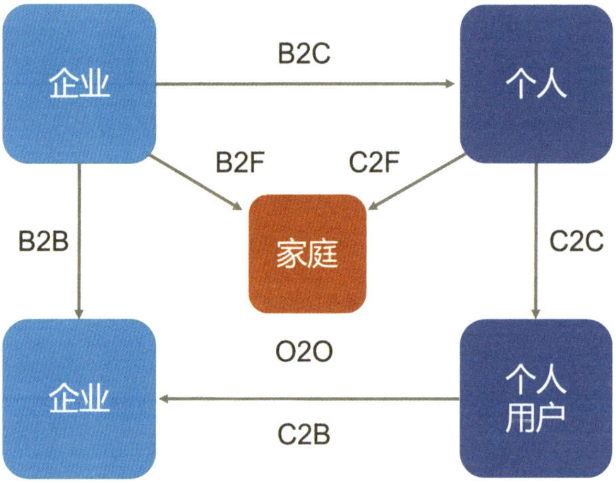

图6-12 现在市场存在的交易方式

例如，某家坊企业客户在京东上销售，面对的是个人客户，京东是B端，家坊也是B端，就是B2B2C。事实上，经过认证之后，家坊公司与京东一体化合作，产品提前放在京东（全国）的仓库中，用户购买时，京东直接在仓库中发货。

例如，在商场试穿衣服，然后用手机APP下单，邮寄到家。商场仅是体验，线上与线下的分水岭已经模糊，成为一体化。在此过程中，用速度提高响应方式和响应速度，如表6-4所示。

表6-4 速度提高响应方式和响应机制

客户类别	响应方式	响应机制
产品型客户	线下、线上融合；交流简单；交易简单；退换货流程简单	按规则办事，按共识沟通
服务型客户	提前预约，一步直达，按具体时间确定服务	80%标准化，20%个性化
生产型客户	售前、售中、售后，有专人在线。响应涉及销售部、工程部、客服部	从制造到智造，从合同订单到软件订单，软件连接

随着智能技术迭代，真产品、实价格、快速响应会成为企业的标配。人们觉醒之后的连接力度，是多方位、立体式连接。单一维度的超市，要么消失，要么被并购，要么升级为体验空间。

新零售，是以互联网为起点的零售，通过“四度”连接铁杆粉丝。而旧零售，还是卖货、促销、积分、叫卖、海报，一天一变，越变越快，走向断崖。

6.3 产业空间

本书不再讲任何“关系上位”的内容，不再讲任何“促销模式”，不再讲“找到决策人、隐性关系人”这些技巧。“关系”如同“购物中心”一样，已经完成了历史使命，逐渐被淘汰。越发达的国家，越发达的城市，使用关系越少。关系少了，大家用什么作为新的连接呢?

消费者购物趋向理性化，但痛苦依然在，渴望真产品，实价格，没套路的产品，从厂家到我家的服务。以前家里开火做饭，现在大多数在外面吃，小部分叫外卖，连柴米油盐酱醋茶的“刚性产品”，都不再刚性。

生产者面临着没有订单，资金周转艰难，库存量巨大，人才难招，没有智能升级的方向和思路。面对着各种竞争，低价打压，渠道排斥，回款周期长的压力。

中间商，也就是运营者。压力同样巨大，资金周转艰难，压货多，推销成本大，尤其受电商挤压，只能在夹缝中生存，利润层层瓜分，随时都有崩盘的可能。北京、上海、深圳的生产厂家非常少，但中间商非常多，经常搬公司，经常装修，经常倒闭。

这三者是一个对立的矛盾体，互相坑害对方，把产品价格哄抬上去，用所谓的“商业模式”，用“精准营销”把产品强行推向你眼前。这就是新的连接方式，互伤连接。

每次打开视频，看着140秒的开篇广告，各种券、票、红包、优惠呈现眼前。每次打开手机APP，播放着6秒广告，挑战着底线。这种连接方式，到底可以持续多久？这种三角对立的关系到底能活多久？

体验到产业中三角对立的矛盾关系，分析矛盾的根源，用事业解决商业的问题，用产业生态解决企业的问题，用产业空间解决企业空间的问题。

6.3.1 深度分析产业矛盾

为什么消费者总会购物，不知不觉成为了“剁手族”？生产者、运营者和消费者，各有各的问题。

生产者不能集中精力专注于爆品研制，而是放在维护中间商上；中间商因利润选择产品，信息不透明，价格不对等，不能把精力放在长期维护客户上，只能做短期生意。

消费者盲目消费，助长了中间商的疯狂，增强了生产者的信心，结果疯狂消耗着地球资源、河流资源、年轻人的青春资源。

运营商用数据，推送你需要的产品，推荐你内心深处喜欢的内容，推动你的欲望和冲动，总有一款“适合你”，于是就下单购买了。ABC时代，大数据与人工智能比你更了解你，比你更知道你的短处。

这些矛盾不是一朝一夕造成的，而是商业发展造成的，是每个国家，每个城市都会经历的过程。回看过去，改革开放40年，我们是如何发展的，如图6-13所示。

最开始，以生产为中心，体制内生产，体制外生产，运营方式是计划经济。

第一个10年，运营模式以行销为主，将产品在全国流通。行销一词源自台湾，行销技巧曾风靡了十年。

第二个10年，以行销为主，生产、运营和消费者逐渐形成对立关系。这时渠道行销立了大功，世界巨头进入中国，在北京盖起了大厦，惠普、爱普生、IBM，花了几十亿没能拓开销路，之后改走渠道路线，才开拓了市场。

第三个10年，有人用一个词来诠释——圈层，其实就是以客户为中心的发展模式。这时迎来资本、互联网、移动通信的黄金10年。因为资本，许多民营企业剑走偏锋，以广告为动力，推动着企业航母快速前行，然后撞上冰山。“冰山”就是关系，成也关系，败也关系。

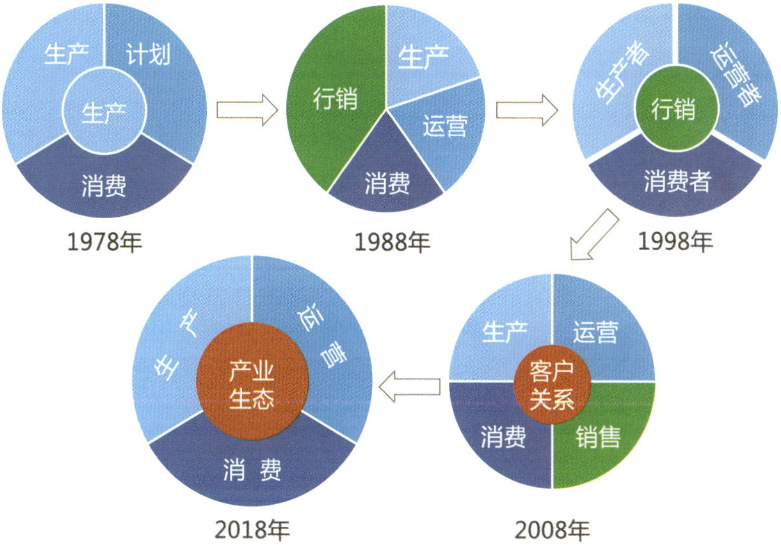

图6-13 改革开放40年发展过程

新的10年，进入产业生态时代。资本去到该去的地方，产品去到该去的地方，人才去到该去的地方，让产品连接初心。消耗资源最小化，资源最少化，共享合作者，共享合伙人。

产业是人的产业，人的生态，人的空间。产业的连接有五大类型，如图6-14所示。

图6-14 产业连接的五大类型

这五种关键要素的连接，背后是中华的五行智慧，这是连接的心法。

1. 金之资本

资本不是杠杆，而是一种拉力。用资本将产业拉到新高度、新市场、新生态。一个新事物推出，只要资本进入，就会变成摧古拉朽的状态，比化肥还厉害，市场未扎根，阳光没有照射足够的时间，市场就催化了。例如，共享汽车、共享单车，哪怕一半的订单不赚钱，另一半的订单会赔钱，只要短时期抢得市场，获得数据，然后熬死对手，就可以进入收割时期。以前需要10年才能孵化一个行业，现在只需18个月。

资本为什么难到达该去的地方，因为谁都不愿意当除草机，只愿意当收割机。

2. 水之融合

水融合万物，将互补性的产品结合在一起，形成全新的服务。如成套产品、系列产品、年度精品等。新时代主要有三大融合，一是产品融合，用爆品连接产业；二是小区生态成熟，尤其是中高阶层的小区，通过服务融合，让业主省心、省事、省钱，统一采购产品，统一获得优质服务；三是人心回到初心，心心相融，互帮互助。

3. 火之抱团

抱团取暖，抱团生存。市场不止有寒冬，还有酷热，忽冷忽热，去心火，去浮躁。随着生活方式、工作方式、消费习惯的改变，通过互相抱团，互相依存，共同获利，共同享受真产品，共同享受物流渠道，共同走向上市共同体（包括上市筹备）。

抱团主要是“三抱”，一是数据可以共享，共同服务着同一类客户；二是企业内部连接成为合伙人，外部抱团成为合作者；三是智能ABC、区块链应用（不是技术）日渐成熟，产业抱团，顺势而为。

4. 土之平台

公司升级为平台，用平台孵化内部合作人，连接外部客户和产业，形成更大的平台。表现方式就是从应用人才到孵化人才，从用能到赋能，从规则做事到专业化分工，分工越细，效率越好。

如同珍珠，颗颗饱满，但要让珍珠升值，必须连接起来成为项链。形成“项链”的过程，就是形成产业生态的过程。

5. 木之众筹

新产品、新项目、新想法，通过众筹的方式让大众参与进来。众筹背后的底牌不是筹钱，而是等时间。

产品在研发阶段，暂未获得大众认可，暂未打响品牌，暂未积累用户，通过第一批众筹人，筹到第一笔金钱，让产品顺利生产出来。反过来，众筹人如同“产品股东”，获得了优惠的产品。然后开始第二批众筹，最终众筹产品变成常规产品。

众筹的核心就是筹时间，认可前、认可中、认可后，这三个时间段，其中一段出了问题，众筹就会失败。这三个阶段回报完全不同，认可前比认可后获得回报要高。

6.3.2 连接的内容（做法）

内部合伙人，外部合作者，形成产业空间。空间中装的是“真”，真人才能有真事，真事才有真产品，真的钱流才可以形成真的产业。只有大家连接“真”，产业空间才会存在，如图6-15所示。

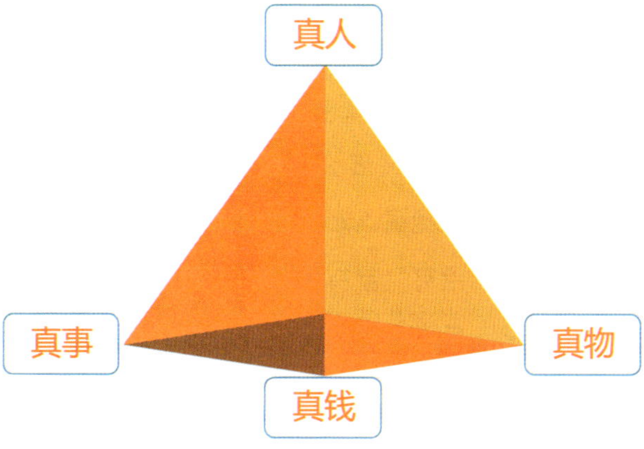

图6-15　真人的连接

1. 真人

真人主要是体现征信。之前征信由信用卡来评估，现在的征信由个人数据来评估。到处都是消费接口，人的消费都有会记录。同样，企业也有征信，信用良好可以获得（免息）贷款，国家也会扶持和帮助征信良好的个人与组织。未来每一步行动，必须用征信开路。

2. 真事

真事体现在正事，正事来自于正心，正心就是正能量的心。心正做正事，心邪走歪路；正人用邪法，邪法也是正；邪人用正法，正法也是邪。套路和广告是商业产物，难以消失，必须把控好底线，产业才可以发展。

3. 真物

真物就是真产品，真产品包括按需生产、按需订制、按需邮寄，每个过程都是真的，整个过程节能减排，少污染水源，少污染空气，少浪费库存。第五章爆品机制的本质就是真产品。

4. 真钱

真钱就是实价格，价格不真，主要是信息不透明，层层提价，分销加价。人们愿意买到地球村任何的真产品，只要加价合理，都可以接受；人们愿意购买朋友圈分享的任何产品，只要功效是真的；人们愿意购买任何推销的产品，只要价格是真的。

产业以真相连，共同造福。只要有一处虚空，一线虚空，整个产业都会坍塌。产业的坍塌，伤的不仅是产业，还有人心。

5年前开会必谈“整合”“突破”“突围”“联盟”“盈利”“万亿市场”，现在这些联盟，这些关键词连影子都找不到了。还有比特币，还有代发的一千种币，连白皮书都不用写，就有大量的人跟进，这是为什么？深层次原因，中高阶层觉醒的时代，手中有闲钱，但还没到觉悟的时候，依然是丛林中的猎物。因为他们信以为真。

四度连接合伙人，四维连接合作者，“四真”连接产业，整体是托的力量，用客户托起整个产业空间。客户就是我们可以帮助的人，有刚性需求的人，有未被解决问题的人，有未受到尊重的人。尽我们所能，真心把客户托起。少了四度、四维、“四真”的立体，任何民间发起的联盟、同学会，都难以为完。因为不差钱的人在一起，联盟只当一个机会。缺钱的人还在考虑生计，只想利用联盟。

爆品机制，用产品托起产业；客情机制，用客户托起产业。

视频 8　客情机制：延续价值，对接客户

我们不是学习“麦凯 66 问”，而是学习他的开拓精神；不是无休止的增加服务，而是给客户“三心二意”的服务。扫码看视频，告诉你如何连接客户，实现价值。

第7章

约束机制

通过四化形成底线思维，用约束机制修正连接，用底线思维实现物的安家、事的秩序、钱的流向、人的规矩。用目标约束人，用考核约束心，用环境约束身，形成自觉和自律，进而形成组织生产力、企业新文化。

本章教你：

人与人连接在于约，约定和约束。约定是共识，约束是警戒。

行走在路上，既有红绿灯的警示，也有白色路线的导示，这才能保证安全。在超市购物，既要排队买单，也能随意挑选，这样能保证购物的效果。

在职场中有三种人，一种是自觉行动，一种是半推半动，一种是没有约束坚决不动。用育才机制培养第一种人，用竞合机制激发第二种人，用约束机制推动第三种人。

在承诺方面也有三种人，一种是说了就算，一种是有时不算，一种是说了不算。第一种人言出必行，不必刻意约束；第二种人约束了就守信，不约束就失信；第三种人空口说大话，睁眼说瞎话，就当消遣聊天，还约束什么呢？第三种一般是讲师，为了杀单，可以在讲台上做任何承诺，可以发任何毒誓，他们能把5块钱的保健品卖到5000块，许多泡沫就是讲师制造的。明星代言有连带责任，讲师推广产品却没有任何责任。

约束是为了保证人与事、人与物、人与钱之间的连接不偏离轨道。约束机制是连接的底线，约束思维是底线思维。约束机制具体有目标约束、考核约束、环境约束。

7.1 底线思维

底线是警戒线，触碰就会响；底线就是红线，触碰就犯规；底线是电线，触碰就触电。有了底线，才可以修正连接，有了约束机制才能保证其他机制运行。

（1）物的连接，给物安家。

物品都要有自己的位置，各就各位，用完就放回去。物品摆对位置就有用，摆错位置就变成了垃圾。例如，银行柜面的物品，哪怕一个曲别针，都有自己的位置，每天下班前全部都要收拾好。

（2）事的连接，给事秩序。

许多事情办不好，就是因为没有底线。例如，将5块钱的保健品夸大其词卖到5000块。为了钱，丧失底线。

（3）钱的连接，给钱流向。

钱流主要是进钱与出钱，记账和开票。非上市公司几乎做两本账，为了合理避税，这也正常，税收手册300页，避税手册（如果做成手册）超过30000页。

钱流如同水流，哪怕有一个地方漏水不去约束，最后整个水管都会崩溃。水管和人的血管一样，不止血，命都没了（血小板会自动堵血，分布式记账就是血小板原理）。

（4）人的连接，给人规矩。

守住底线才能有大的作为。人在3岁时，看到电视里有人出现，就想拆开电视机一看究竟。在沙发上能蹦起来，就想剪开沙发看看，这是小孩子在探索。人在30岁时，对着禁止吸烟的图标吸烟，烟头直接摁在禁烟牌上，这是藐视规则，没有底线。

底线保证了连接不偏离轨道，底线思维保证思维不偏离轨道，底线思维表现在以下几方面，如图7-1所示。

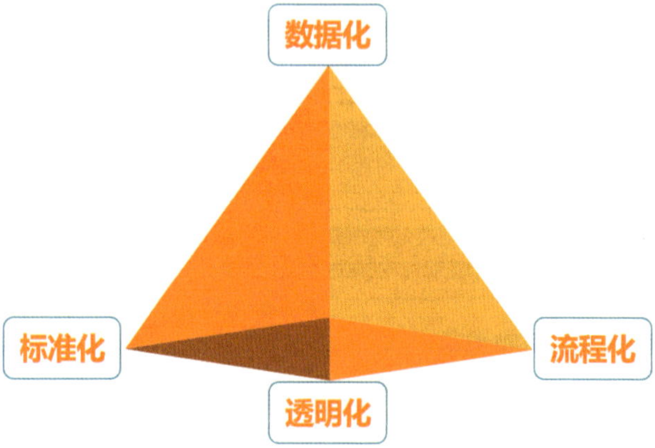

图7-1 底线思维

（1）数据化。

数据化是底线思维的前提。数据化就是用数据代替人，取代天才，替代天赋。人的能力，也是数据的累积。10万小时理论，就是把一件事做到极致；刻意练习，就是把一件事练到出神入化。职场上许多岗位不需要10万小时，新时代的连接，任何人1000小时都可以成为人才。

例如，早年收银员要严格训练“三声两到手”（三声两到手，三声是指迎客声、唱票声、送客声。收您100，找您35元，喊出来是确认，也是约束，以免出现不必要的误会。两到手是指商品送到顾客手，钱票送到顾客手），这是因为要收现金。现在，微信、支付宝支付，不仅省去“三声两到手”，而且收银这个岗位正在被取代。

（2）标准化。

标准化就是我要做成什么样。标准化不是一成不变的，标准一旦定下来就成为底线，要不断超越的线。标准化有三个优势，一是可以省去大部分的考核；二是可以让二流人才做出一流成果。许多新餐饮，别说没有大厨，连三流厨师都没有，但保证菜品标准化；三是让事业可传承，能力可复制。

（3）流程化。

流程就是人与事的连接，流程化就是我该怎么做。人在职场、工厂、市场，都是流程中的一环。

好的管理就像水流一样非常顺畅，顺应人心，人才在流程中茁壮成长。好的事业都是顺应趋势，顺势而为。

企业请咨询团队，无论做哪方面的咨询，都要优化流程。包括战略咨询、商业模式咨询、股权分配咨询。IBM的强项就是设计流程，让世界500强企业变得更强。

（4）透明化。

透明化就是我知道别人做了什么，别人知道我在做什么；透明就是把行为装到玻璃瓶里，让事情可视化、导示化、简单化。

具体做法，一是用图片取代文字，用颜色标记差别，一步到位，这样可以避免对责任心的依赖。如打扫酒店房间、采购工作、安保软件，透明大于一切。二是用八字真言“白纸、黑字、红印、贴榜”以保证透明。只要透明，鬼也会变成人，人会变成人才。

四化思维，表现上是约束人，实际上是培育人。一流的流程，用三流的员工一样可以做成一流；三流的流程，用一流的员工一样被耗成三流。流程改变，标准随之而变。

7.2 目标约束

目标是树上的“桃子”，考核的是桃子的数量、体积、品质；目标是执行之父，考核是执行之母，目标加考核产生结果。目标越明确，执行力越强；考核越明确，行动速度越快，桃子数量就越多，质量也就越好。目标是约束人与事之间的关系，企业中主要约束以下三类人。

（1）约束员工。

目标机制就是连接员工的动力，激发潜力。员工到岗，第一种约束就是制定目标。员工能否通过试用期，成为优秀员工，日后获得股权，主要是看目标达成的情况。

许多员工，加班一分钟就会抱怨，不要求加班，也坚决不加班，这是心中没有目标。老板创业时，每天工作16个小时，365天风雨无阻，3年没钱拿，没人激励，经常被客户责骂，依然能闯出一片天地。这就是把命托付给了目标。所以，员工与老板的主要区别就是目标，而不是梦想。

通过目标连接，让员工像老板一样奋斗，这就是目标约束的作用。

（2）约束忠诚。

“忠诚”者，类似亲人、老乡、同学。这类人同样要定目标，定约束。没有约束，他们更容易肆意疯狂，肆无忌惮，形成特殊的利益群体，甚至会践踏公司文化，摧毁价值观。

用生物学来说，近亲繁殖，会产生畸形。既然有忠诚的开始，就要有大义灭亲的结局。不必忠诚老板，也不必忠诚公司，只要忠诚于机制，忠诚于底线，就是对企业的忠诚。所以，忠诚是约束出来的，并不是亲人亲近出来的。大家在底线上运行，不论亲疏，不论关系，按结果说话，按价值排位，这就是忠诚。

（3）约束元老。

公司进入成熟阶段，排行第一的阻力，不是员工对抗，也不是不忠诚，而是创业元老的对抗。创业元老没有进步，没能跟上公司的步伐，没踏上互联网的节奏，就会给公司造成最大的破坏。必须时刻约束，至少要在公司蒸蒸日上的时候制定约束机制，不能跟上的元老，必须退居二线岗位，保证公司整体冲力。避免出现土豆网、真功夫、雷士照明这样的后果。

7.2.1 目标机制制定

用日标连接不同人，并建立不同的目标机制。

（1）企业目标制定。企业战略要按5年来规划，企业目标按年度为单位制定目标。

（2）团队目标制定。企业目标制定后，再分解到各个团队中，形成团队目标。

（3）个人目标制定。团队目标制定后，再分解到个人头上。个人目标必须是跳起来摘桃子，一般多出两成份额。多出一成是努力，多出两成是潜力。

7.2.2 目标机制修正

世上无直路，常常有弯路，弯路要指路。

目标是期望结果，当其与实际结果不符时，必须在关键节点上进行修正。因为市场在变，政策在变，创始元老在变。所以必须不断修正，目标才能实现。目标修正导图，如图7-2所示。

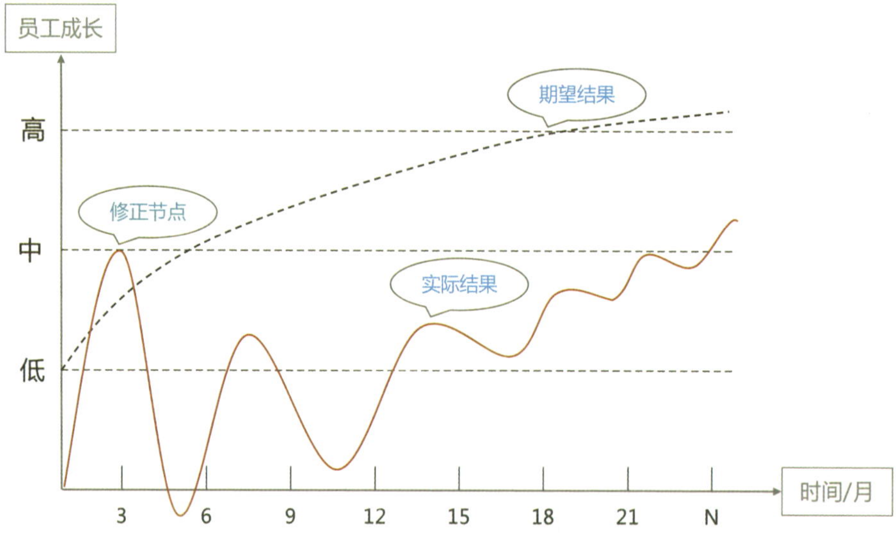

图7-2 目标修正导图

修正的过程就是约束的过程，也是辅导的过程，一边实现目标，一边促进成长。目标与成长如同硬币的两面，不可分割。只要目标，不给指导，这是丧心病狂的行为。

7.3 考核约束

许多人初次创业，租一个办公室，招几个员工，紧接着就是制定公司的规章制度。如何制定，就是在网上下载制度文件，改一个公司名，打印出来，考核就这样开始了。考核是一种非常不受待见的方式，但考核是组织觉醒之前必须经历的机制。

觉醒之前的考核是为了什么？为了掩盖无能。

许多公司让员工填一些表格，填完也不去分析。每天让员工汇报工作成果，汇报完也不去统计，这算什么考核。既然定了目标，过程中按一定节奏辅导和培训，大家往前冲，然后用目标决定员工绩效和去留即可，为什么要用所谓的考核折磨人？每天的数据只要不录进CRM，每周每月不分析，所有考核都是浪费时间。

许多老板高薪挖了一个人，又找另一个人暗地观察他，这样的监督为了什么？挖人为了提升战斗力，他如果真有本事，发现身边有眼线，他会给公司毁灭性的打击；他如果没本事，则会制造许多不和谐。这样的考核为了什么？

觉醒之后的考核是为了什么？为了消灭考核。

小米公司没有考核，而且几乎不开会，任务都是用邮件传达和确认，这个过程有什么考核？小米公司有两个层级，高层是七个领导团队，每人分管七八个小组，对接七八个组长。然后就是基层员工，没太多级别可以晋升，在此过程中有什么考核？

ABC时代，小企业必须避免大企业病，大企业必须分解成小企业，减少级别，减少沟通环节，减少无效考核。用新机制替代旧考核。

7.3.1 考核机制制定步骤

1. 事先分解目标

小目标，就一口气完成；大目标，必须分解完成。如何分解，如同切土豆，切成块、切成片、切成丝、切成丁，这样可以快速炒熟。公司整体目标就是一颗土豆，切成部门目标，切成团队目标，切成个人目标，然后群体达成目标。目标是底线，是惩罚的界线。

2. 事中检查成果

事前可以欣赏员工誓师的庄严，欣赏员工拍胸脯的气概。事中只能相信检查，检查比做到重要，公正透明地检查最重要。

检查与信任无关，检查不代表不相信，相信也不能说不检查。如同航海，方向偏一点，目的地就去不了了。检查是为了修正结果，检查也可以发现问题。

3. 事后形成责任制

达成目标期限，先进行奖罚兑现。奖罚一般在月度会议上兑现，必须及时兑现，奖罚不相抵。兑现的照片冲洗出来张贴在文化墙上。奖罚不是终极目的，而是为了形成责任，让人有担当、有责任。

4. 让考核深入人心

考核机制的核心是让人心定，心定有以下三种境界。

（1）在考核中培养出责任心。员工最大的问题，就是没有责任心。责任心是从优秀迈向卓越的基础。

（2）在考核中学会数据化、标准化、流程化、透明化思维。有了这四维，做事会气定神闲，不急不躁，进退有度，这是卓越管理者的基础。

（3）眼中有考核，心中无考核。眼中是责任、权利、利益。心中责、权、利是一体的，这是卓越老板的基础。治理企业，如烹小鲜。

7.4 环境约束

有的领导打着狼性文化，实施着疯狗的策略。各种约束，各种考核，各种标准，各种一言堂，让人喘不过气。这种组织留下的是什么人，都是苦大仇深的人。

有的领导走到哪儿，都在改变环境。身态是低调的，眼神是慈祥的，脸色是和蔼的，腰身是谦恭的，心底是平和的，灵魂是宁静的，谈吐是正能量的，这就是赋能的领导。

什么样的领导更容易培育人才，创造价值？有的公司，求职者一进门，还未正式面试就离开了。面试被录用了，还不愿意留下。有的公司，求职者上门面试，接到面试通知就心动了，推门进来就喜欢这种氛围了。

什么样的氛围是新时代员工喜欢的氛围？公司有什么战略，就展示什么环境。环境容易改变，人心难以改变。所以，最好的约束是环境。

竞合机制提到，组织要打造竞合环境，既要拼搏，又要快乐。既要创造减压氛围，又要空间约束。具体实施是四种环境约束：快乐环境、狼性环境、硬性环境、软性环境。其中软性环境包括个人减压。

7.4.1 打造快乐环境

快乐氛围，是员工最喜欢的氛围，适合于服务业。快乐不是表面嘻哈，而是从内而外，从下而上传递的。所以，可爱的微笑是发自内心的微笑，用筷子练出来的微笑并不能传递愉悦的感觉。

愤怒、悲伤、苦难、卑微，是人与生俱来的本能，而快乐、幸福、影响力、幽默感是需要后天修炼的。所以，竞合氛围需要人为去营造，自上而下传递。

老板有境界，领导有关爱，员工就会绽放，绽放是快乐的二次方。绽放会让人加速成长，加倍创造价值，如图7-3所示。

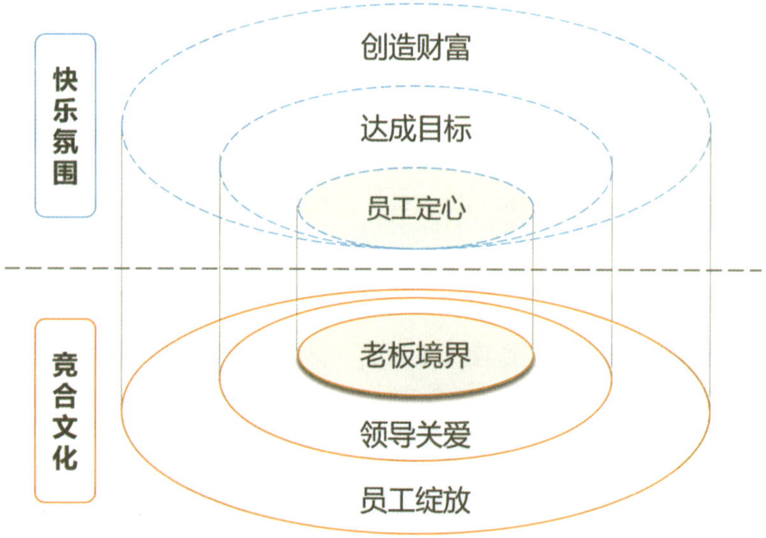

图7–3 快乐环境的打造

7.4.2 狼性环境打造

狼性环境，是员工成长的氛围，适合创业阶段，适用于销售行业。

要想知道狼怎么成长，就必须去非洲草原观察，看这些动物一天都在干什么？你会发现，狼、狮子、老虎都一样，从断奶以后，每天早上就是跟着父母奔跑，然后就是快乐嬉戏，再安静地睡觉。

狼性环境，主要有四个特质，如图7-3所示。

图7-3 狼性环境的特质

1. 竞争氛围

企业内部竞争很残酷，谁抢到市场就是谁的，必须主动争夺。

2. 合作氛围

对外方向一致，行动一致，互相配合，互不拆台，没有内耗嫉妒。

3. 拼搏氛围

为结果拼搏，加班自愿，冷暖自知，以苦作乐，这不是创业时期梦寐以求的氛围吗？

4. 分配氛围

员工来公司就是为了获得分配，晋升也是为了获得更多的分配。当然，分配的不止是薪酬，还有自由。

7.4.3 硬性环境打造

硬性环境并不是像家庭、军队、学校那样的环境，而是根据公司性质和发展阶段进行装修。

有的公司像仓库，1米一个卡位，桌下放个机箱，不留个人空间。但老板办公室却有50平方米，一个老板台10米。有的公司除老板和财务部各有一个小办公室外，其余没有隔板，整体通透，还有水吧，摆放着各种饮料。

到底哪种环境好，太松散没有约束，太拘谨没有空间，无论哪种环境，都是老板的意志。所有管理学上讲的，公司的文化就是老板的文化。

新时代，硬性环境必须符合四大要素，人体工程、人性习惯、人之常情、人文情怀。

1. 符合人体工程

环境要安全，桌角、茶几角都有弧度，不会嗑伤腿。椅子可调节，久坐不会伤颈椎。还有一些很难注意的细节，用一张导图来表现，如图7-4所示。

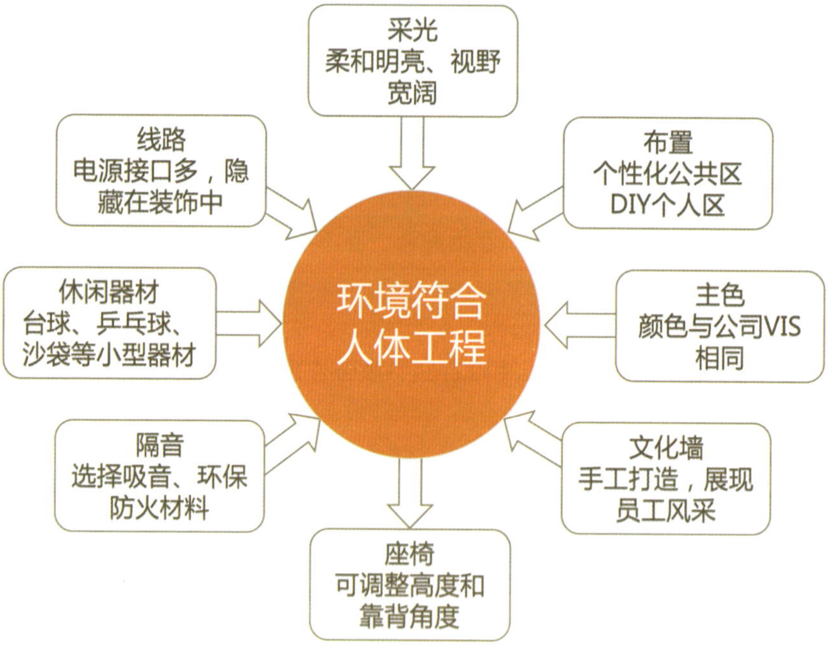

图7-4 符合人体工程的环境

2. 符合人性习惯

保证进入方便、交流方便、工作方便。在布局上加以修饰，如图7-5所示。

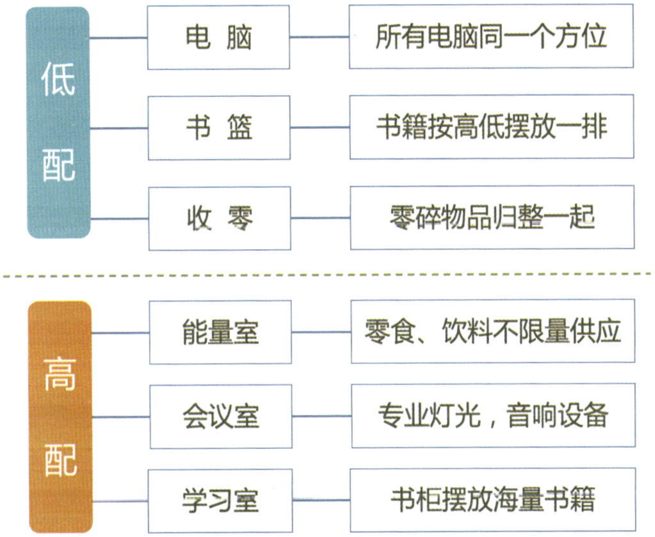

图7-5 符合人性习惯的布局

保持节俭状态，没必要一个电影室，一个瑜珈室，一个运动室，太奢华了，尽量一室多用。

3. 符合人之常情

人喜欢变换的环境，变化不是改变装修，可以改变一些细节。例如，更换植物，文化墙每月改变一次，这就符合人之常情。办公室250平方米，老板办公室100平方米，而且放了10米豪华老板台，这是奴性，不符合人之常情。

某世界500强企业，会购置一批设备让员工放松，飞镖盘、台球桌、跑步机等。但压力还是无法缓解，后来有人出主意，根据领导的形象，制成石膏像，旁边放上锤子，可以随意砸毁。果然是个解压神器，员工的压力消减了。由此可以看出，这家公司的领导给人无形的压力，不符合人之常情。

4. 符合人文情怀

公司处在什么发展阶段，就释放什么文化气息，配套什么价位的家具。大型集团可以定制公司环境，个性化装修。例如，腾讯大厦、五粮液大厦，不仅符合人体工程，还有玄空风水。我们的中小企业，小范围定制，低成本装修，按居家风水设计就已经很好了。

新时代，注重的是价值和连接，时刻警示自己，不要展示土豪气息，哪怕利润真的很丰厚。不需要刻意用古典文学书、四书五经、名人字画来体现文化气息。只要大家能共享自己的书籍，摆放在一起，互相借阅，互相品读，就有深厚的人文气息了。

7.4.4 软性环境打造

有的公司学习西点军校，汇报工作只能说是和不是。有的公司，上午10点看，感觉这公司玩完了；晚上10点再看，感觉离上市不远了。到底哪种环境更好？西点军校式的企业文化吗？西点军校是独特的大环境，被专家引申成案例，歪曲夸大，传播到了民营企业中，这样的公司几乎都倒闭了。

企业的软性环境，直接决定着战斗力。不仅不能像西点军校，还要创造减压氛围，组织减压活动。这件事就由人力资源来操办。人力资源部为什么称为老板的小棉袄，就是让员工发挥自己的才华和潜能，创造更多的价值。软性氛围的打造有两方面：增加动力，缓解压力。

1. 增加动力

可以举办一些活动，如篮球、足球、象棋、舞蹈比赛。但需要把握以下三大原则。

（1）参与原则：按参与机制组织，公司调查、员工提议、少数服从多数，这样参与度才会高。

（2）竞争原则：按PK机制组织，有竞争才有动力，有竞争才好玩，有竞争才有奖罚。

（3）健康原则：无论什么活动，要有意思，有意义。

2. 缓解压力

压力分为显性和隐性，隐性压力更可怕。感觉不适就是压力在作祟，压力有多大，检测一下就知道了。

（1）照镜自检：两眼无神，有黑眼圈，皮肤暗沉，这是压力太大导致内分泌紊乱。

（2）睡眠自检：健康首先表现在睡眠质量上，是否睡不着、睡不好、起不早。

（3）吃饭自检：短时间明显发胖或消瘦，没胃口或饭量很大。厌烦水果，喜欢重口味食品。

（4）感觉不适：眼睛干涩，皮肤干燥，头晕、头昏、偏头痛，手指痉挛、间歇性颤抖，心悸等。

（5）隐感不适：难以描述出不适的感觉，但心中有感应，似乎要发生一些什么事情（非推理分析）。

压力与情商有关，但主要还是因为环境。缓解压力，必须从身、心、灵三个方面着手，全方位解压，必要时找专业机构协助解压。

身的调节：身决定你是谁。身包括身体、体力、体能，表现在饮食、习惯、爱好，如表7-1所示。

表7-1 身的减压方式调节

减压角度	减压方式
吃饭	食物与我们息息相关，但要少量多餐。 早餐要营养，晚餐尽量在19点以前吃。 多吃素，多吃水果。少吃煎、炸、烤的食物，多吃蒸、焖、煮的食物。
抽烟	能戒则戒，戒不了尽量选焦油含量低的烟。 既然抽，就不要纠结抽烟会影响健康。 少吸别人的二手烟，坚决不给别人制造二手烟。

续表

减压角度	减压方式
喝酒	当酒仙（先）：酒前先声明，喝酒要总量控制，喝出感觉就停止。 做酒圣（剩）：喝一半，剩一半，不用见光见底。 喝品味：选择优质红酒，少喝高度白酒。红酒文化已经来临。 喝规则：总想让别人多喝，自己少喝。是时候改变规则了。
生活习惯	早睡早起，晚睡适当晚起，补足睡眠，调节生物钟。 找到适合自己的健身方式，每周运动两次，每天至少5000步。 SPA、水疗、花疗、精油解压，现在这类养生店越来越多，这是时代的趋势。 扔掉家里长期不用的物品，不买不需要的东西，摆脱对物质的执念。

心的调节：心决定你可以像谁。心包括情绪、情商、情感，如表7-2所示。

表7-2 心的减压方式

减压角度	减压方式
郊游	与大自然接触，望山、穿云、探水、抱树、发呆。 成功的标志，就是到处走一走，看一看。随时走，随时看。 观世界才有世界观。
交友	人与人之间，互相用才会产生价值，与顾客之间亦如是。 必须交几类朋友，建立不同的连接。 知心朋友：知根知底，在对方家就像在自己家一样，人生一二知己足矣。 事业朋友：事业上的合作伙伴，上下游产业链的伙伴。

续表

减压角度	减压方式
交友	谈古论今：一杯茶一片风景，一起清聊和空谈的朋友。 爱好朋友：一起打球、下棋的好友，见面只交流爱好。 孩子的朋友：孩子在幼儿园交的朋友的父母。 邻居：远亲不如近邻，许多事，唯有邻居才能做到。
情商	笑纳一切问题和麻烦，藐视一切困难和挑战。 敢于用人、善于用人。敢于放权、善于授权。 情绪之言，不谈对错。不认错，是为错。

灵的调节：灵决定你能成为谁。灵包括境界、修为、梦想，如表7-3所示。

表7–3 灵的减压方式调节

减压角度	减压方式
禅修	佛家禅修，放空身心，放下自我，感悟平凡。 读唱经文感悟禅乐，禅香过堂领悟禅意，通晓禅理觉悟人生。 重新认识人生观，随时进入禅定——定能生慧。
辟谷	辟谷是在幽静的空间里，清理思绪、清理肠胃、调养身心，不吃五谷，靠食气吸收自然界能量维持体能。（道家的辟谷与佛家的禅修，都是高等级修炼手段，需要专人来引领）。
观自在	每月至少有一天要与生活、工作、朋友、家庭断开，独自做反省，自我感悟。 观自在是红尘中的辟谷，生活中的禅修。

考核是个纠结的机制，过去老板最善长琢磨的就是考核机制。我身边没有一家公司因为产品而倒闭，却都是因管理而死，考核而亡。因为有管控才会失控。

新时代，对于环境的改造，身、心、灵解压，我花了最多的心血述写。完全是近10年来的体验，与人交往的感受，与专家探讨的方法。让你转换压力，成为真实的你。

视频9 约束机制：修正连接，约束思维

果实成长需要剪枝，蔬菜成长需要“间苗”，豆芽生长需要压板，人才成长需要压力。有压力才有奋斗的动力。扫码看视频，为你修正企业、产品、团队发展之道。

第8章

共识机制

共识是机制的开始，用机制达成共识，用共识完成机制。以会议为形，用三大类型会议解决问题；以沟通为框架，用两个通道互通心意；以信念为魂，用三大形式形成信念，呈现价值。

本章教你：

- 8.1 会议为形
- 8.2 沟通为骨
- 8.3 信念为魂

许多人私下说公司不好，却留在公司。这不是素质、职业化问题，而是不认可公司的某些做法，不认可公司天天喊口号，天天开会的做法。但认可公司的产品，所以留下了。

许多人私下说老公不好，却留着家庭。这不是人品、爱情的问题，而是不认可老公的某些做法，对生活还是认可的，所以留下了。

许多人说起城市，好坏参半，一边是奋斗，一边是无奈，去留之间，总在徘徊。这不是能力、道德的问题，这是普遍的无奈。再过三代，地域的界线就会消失，那时不会再有老家这个概念。

由此看出，人与人的关系，不止一种连接。

男人45岁以上很磨叽，一讲话就从过去开始。明明一番好意，虽然讲到后来也有亮点，但听众的思绪无法跟到最后。女人45岁以上很啰唆，讲重复的话自己还不知道。明明一番好意，虽然讲得苦口婆心，却总被人误解。

由此看出，单纯的沟通无法连接全部，单纯的会议无法连接全部，谁愿意开那么长的会议，听那么多废话。必须要多种方式连接，一起旅游，一起打球，一起健身，才可以达成共识。

现在，我们用电器都不看说明书，打游戏都不看帮助，结婚都想省去一些前奏，只为快速达成共识，这是时代使然，人之必然。沟通有价，共识无价。

8.1 会议为形

会议是连接人机关系的形式，包括人与事，人与物，人与财的形式。所有会议都是形的变化，本质是相通的。开会之前，永恒的三个问题：开会为谁？开会为什么？可否不开会？

把这三个问题想清楚，马上可以确定召开什么主题、什么形式、什么机制的会议。具体有以下三大类会议。

（1）时间轴上的会议。

过去开会为什么？注重造场，为了给员工洗脑，单向沟通。现在开会为什么？注重造势，为了给顾客洗脑，用套路欺骗客户。未来开会为什么？注重连接，找到客户的渴望、困惑，然后用产品连接，达成共识，创造价值。只有连接，会议才有实质意义。

时间轴上有六大会议，早会、夕会、周会、月度会议、季度会议、年度会议，这些会议是根据时间周期举办的，解决周期性问题。

短期共识需要单个会议，例如开早会，为了上午有状态。许多公司还加了午会，为了下午有状态。一天工作结束开夕会，总结当天的工作内容。长期共识，需要多个会议，不断重复，达成共识。

（2）空间轴上的会议。

空间轴上有六大会议，目标型会议、进度型会议、分析型会议，这是三个项目会议，必须有流程，有标准，用数据说话。推荐会、招商会、展销会，这是三个对外的共识会，必须有人气，就是要热闹，有氛围，有互动。

（3）角度上的会议。

角度就是你我他，同一个事物，不同角度，讨论的结果不同。盲人摸象就是角度不同，摸的内容不同。我们看深圳市，不也是盲目摸象吗？有人看到的是恐怖的房价，有人看到的是互联网的机会，有人看到的是热闹的宵夜，有人看到的是年轻的生态。

总之，从一个角度出发，只能看到一个面，无法达到事实。例如，有人说“我以为”，就是从他的角度来说，然后大家围绕着他的论点展开讨论，得出了所谓的“解决方案”，其实已经偏离了轨道。这个会议不管有多高效，最后都没效果，因为这只是一个角度。

只有从三个以上的角度去看，用数据去分析，这样的会议可能开得慢一点，争论可能会多一点，结论会差一点，但可以击穿事实。

会议为了什么，三分之一陈述事实，沟通事实；三分之一陈述数据，分析数据；三分之一制定机制，达成共识。任何会议的终极就是达成共识。许多公司，许多领导，要么在开会，要么在准备会议材料。

新时代会议，有以下三大新的使命。

（1）解决问题。

会议室是解决问题的主要场景，尤其是解决人与人之间的问题。公司大了，只有在会议室才可以碰面，深层次沟通往往从会议现场开始。

如何解决问题，首先分析问题，反过来策划会议。确定不同的会议时间，不同的会议场地，不同的会议主题。会议形式不限于围桌而谈，不限于朗读、唱歌、舞蹈、演讲、笑话。

例如，要传递严苛的机制，可以在轻松的氛围中说明，这样容易化解尴尬。为了股份改革，可以在度假村里沟通，人们不容易中途离开。如果要奖励一辆车，奖励购车基金，可以在年度级会议上公布，这样才有仪式感。所以，先定问题的类型，后定会议的形式。

（2）让人成长。

会议是让人成长的第二大形式，培训、课程、留学、MBA，都是会议形式，集中精力成长。第一重要形式是在实践中总结，潜移默化地成长。

会议让人成长，首先要了解人们的现状与困惑，然后制定会议形式、会议内容、会议主题。不同层级，不同需求，会议形式也不同。

技能性成长，偏重动手操作，所以会议课桌也不同。例如学习焊接，边讲技巧边实践，然后再重申技巧。当然，学习挖掘机技术，“课堂”在室外，但挖掘机的理论教学在室内课堂。

效能性成长，偏重思维传递，所以课桌要松散一些。例如思维导图，分成小组，每组4~8人，要配套大白纸、彩色笔，讲课内容与动手绘图一半一半，画好然后上台讲述，期间加上分数机制、奖励机制，这样课程效果就有了。

新时代的成长，越来越偏向体验，弱化讲授；讲授语言越来越自然，弱化激情；以全球为课堂，强化开阔视野，弱化开拓人脉。

新时代的会议，不外乎两大类别，娱乐化、竞技化。就是又好玩、又比拼，这样人们更容易集中精力，解决问题，达成共识。

借此形成比赛机制、参与机制、PK机制、期权式培训（学习费用由公司提前垫付，分期扣款）、积分式机制（用学习积分，兑现资金）、辅导式机制（辅导者获得额外回报）。

（3）达成共识。

会议最大的目的就是达成共识，成长是为了更好的共识，解决问题是为了更快的共识。

问题就像人体的细胞，有死亡与重生，有裂变有变异，必须勤于运动，健康饮食，让细胞运行速度加快。我们脸上有粉刺、黑斑、皱纹，就是细胞出现了问题，是警示我们内脏出现了问题，内分泌失调会反映在脸上。解决脸的问题，就要解决内脏的问题；解决内脏问题，就必须解决饮食、睡眠、压力的问题；解决生活作息问题，必须与自己达成共识。否则，听人劝，耳旁风。

解决企业问题，与脸面问题一样。首先，描述问题，描述现状。然后，找到问题背后的问题，导致问题出现的根源，接着解决根源问题。不要在表面现象耗费太多的时间，否则针对任何表象的机制也会失效。例如，员工周一早上没状态，深层次原因不是周一，而是周日太有“状态”了，玩得过度了。如果周末不休息，那每天的状态是恒定的，不好也不坏。

解决状态的问题，就是与员工达成共识，否则任何机制的效果都会减半。

8.2 沟通为骨

沟通是共识的架构，是支撑共识的骨。沟通的“通”，是共识。沟通的“沟”，是手段。平日说话，不为沟通，只为告知和消遣。例如叫外卖、送外卖，就是互相告知。电话销售，就是互相告知，告诉产品有什么性能，服务有什么好处。现在人们越来越少用电话销售，电话正在失去共识力度。

要达成共识，主要有两个通道，释放内心、吸收他意，如图8-1所示。

图8-1 达成共识的两个通道

“一心一意”之间，就是沟通的过程，能接收多少心意，就有多少的沟通成果。心意的传递谈何容易，我们经常会错意。客户说，你发来资料我看一下，并不意味着他真的要看。客户说正在忙，并非他真的在忙。同样，我们也经常被销售，然后用各种“理由”回绝对方。

为什么不能直说，非要绕个弯来说？是因为保护双方的心意。未来的共识链应用到沟通中，用你的产品连接他的需求，将日常需求形成订单，直接向供方下单，这期间不需要太多沟通，不需要到店，不需要验证产品。所有人经过验证，所有产品经过验证，无法造假，也就是人—事（需求）—物（日用品）—钱形成区块连接，就实现了“直说”。

职场中的沟通心意，首先是讲有效语言，然后是回流信息，进而达成共识。

（1）有效语言。

含有问候性、寒暄性、客套性、话术性的就是技巧语言；含有直接性、温和性、幽默性、间接隐喻的就是自然语言。自然语言就是人正常情况下说的话，也是最有魅力的话。有效语言就是自然语言，就是减少套路，减少寒暄，减少技巧的语言。这样容易接近心意，达成共识。

以销售为例，用语言判定是新手还是老手，是专家还是伪专家，就看他们用了什么语言，如图8-2所示。

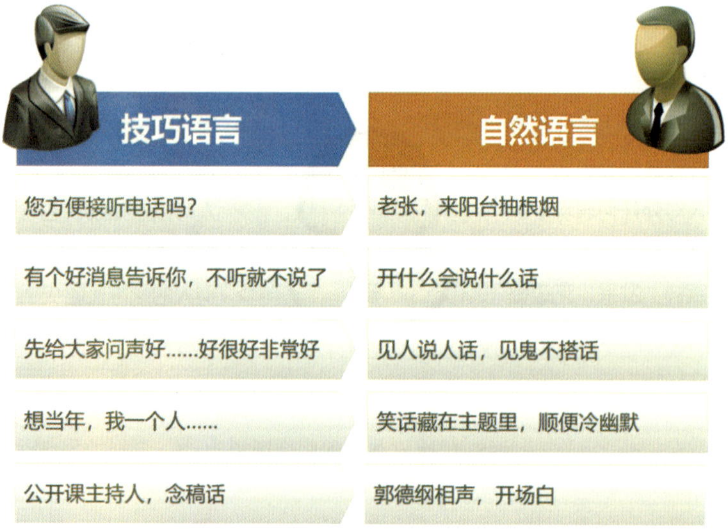

图8-2 技巧语言和自然语言

台上演讲，无论草稿写得如何好，只要对着念，就有技巧了，有技巧就没有效果。所以，稿子是为了确认关键信息、头衔、数字的，其他内容按草稿发挥即可。线上说话，包括打电话、QQ、微信、邮件，情境不同、语境相同，不要有太多技巧。许多人因为在微信上问一句“在吗”而被拉黑了。

（2）回流信息。

回流信息就是生成回报机制。一个事情开始，必须在6小时完成一次回报。如果6小时内没有任何进展，那就直接回报说，没有情况，一切照旧。新员工接受新任务，6小时内主动回报，不给领导回问的机会。其实领导要的也不是结果，而是要掌握进度，让员工主动。为什么是6小时回报？因为职场的一天有6小时。

我们用泉水泡茶，泉水必须沉淀6个小时才能喝。泉水是流动的水，静止6个小时会改变口感。

新时代的节奏也是6个小时，购物、快递、响应、投诉，都会在6小时内给出反聩。世界这么大，各地有时差，6小时也能完成响应。

许多“有才华”的领导，在门上贴了一张纸，写着 “提出问题要有三个方案，否则别敲门！”这其实是锻炼员工积极思考、主动汇报的能力。当一个事情有了三个以上的“答案”，差不多就出现答案了。但99%的领导在门上贴纸，只是为了彰显自己有水准。许多员工拼命想答案，终于有一天，可以游刃有余地想到三个答案，这时要么有了跳槽资本，要么被人挖角。然后到了新公司成为领导，在自己专属办公室贴上一张纸，上面写着同样的字。

就这样，一张一张，贴出一种管理学问。第七章《约束机制》我们用环境破解了约束，制造了快乐氛围，就是为了更快捷地沟通，达成共识。这时又遇到这样一张纸，阻止了沟通，这行为真的好吗？

显然不好。新时代的办公室，别说是专属办公室，最好连隔板都不要，用书柜，植物，文化墙将部门简单区隔，除了财务部和洗手间，整个职场一眼望穿，全体通透，这才是沟通氛围。

8.3 信念为魂

有了会议的形式，沟通的框架，达成了共识，就是虚线的连接。外出上课，大家共处一个会场，那是暂时性的共识。会议结束3天内，只要互不联系，共识即散。3天内连接了，日后互相走访，成为朋友，这会议就超值了，因为有了共同的信念。

信念是共识的本质，是共识的魂。信念是实线的连接，信念就是相信大家这个事可行，有未来，值得做。有了信念，才有共识，要相信信念的力量。信念主要体现在以下三个方面，如图8-3所示。

图8-3 信念的三个方面

（1）第三方。

许多时候，我们立场不同，文化不同，但大家依然可以共同做一件事，这就是因为有信念。国际上，国与国之间的合作，国与国之间联盟，都是因为信念而成立了新的组织——第三方组织。如金砖五国、G20国集团，这些组织并不属于任何国家，属于大家共同的，主席为轮值主席，每年会议在不同国家主办。

行业协会，几乎每个行业都有一个协会，大家在行业内还是直接竞争关系，甚至是水火不容的对立关系，但依然不影响第三方的共识。协会不属于任何公司，只是信念相同而达成的共识。

所以国与国之间，企业与企业之间，形成共识是找到第三方。你的还是你的，我的还是我的，第三方组织或协会是你我共同的。

所以，企业之间合作，经常共同组建第三方公司，运营双方合作的项目，以解决共识难题。现在，许多公司还停留在合作就是你代理我的产品，否则就没得合作，这就是没有共识心态。正是这种心态，天天找代理，却天天找不到代理。

看现在的阿里巴巴、腾讯、百度，它们旗下有无数家公司，独资的、合资的、投资的，共识相同，不纠结于公司形式，只要能快速成长就行。

懂得用第三方力量，将自己公司当行业来运营，这是企业长人的必备境界。

（2）交集。

许多时候，在多方合作时，你不认可我，我不认可你。沟通时，你讲你的，我讲我的，但找到一个交集，就顺着这个交集达成共识。交集部分是重叠的，是可以抱团的部分，是可以深层次连接的部分。

同行之间合作，用交集合作可以省去人力资源、物力资源、财力资源。说简单点，企业内部为什么要集中采购，就是将资源合在一起，省去时间成本、物质成本、心力成本（不用重复操心）。

有了交集，才可以挖到人才，留住人才；没有交集，即使有股权，也是虚线连接，迟早会断连。所以，职场没有永恒的合作，只有永恒的交集；市场没有永恒的敌人，只有交集不同。

我们经常纠结于隔壁孩子的学习，因为邻里之间有交集。还经常纠结于同一时间入职的员工，谁先开单，谁业绩好。老板也不必纠结于被员工认可、被客户理解、被对手尊重，只要没有交集，别人也看不到你的境界。

（3）共渡。

许多时候，我们在人—物—事—钱之间，沟通并不畅快，意见并不统一，并不相信对方，也不容易相信对方，但见了一次面就达成了合作，这是因为共渡。同流才能交流，交流才能交心，交心才能交易，交易才能交互。同流，就是大家有共识。共渡就是同流，大家在同一条船上，共流达到彼岸。

大家各有各的想法，也不期望都是一条心，但因为大家在同一条船上，共渡到彼岸，所以有了共识。电影《加勒比海盗》演得非常清楚，大家在上船之前，互相吵吵、打斗、争当船长。每个人的追求、职责、梦想完全不同。但只要船一启航，就是同一个方向，同一个船长，同一个号令，身不由己达成共识。

共渡是一种选择，也是没得选择。但共渡的方向是大家共同的方向，也就产生了共识。

用一部电影来总结，《复仇者联盟》所有英雄都有超强技能，都有个性与主张，都不轻易服从别人，但大家遇上共同的危机，必须面对，然后集结成第三方组织。在组织的磨合过程中，通过各种会议和沟通，还有各种嘴炮与嘴仗，最后因为信念，彻底达成一种共识。

个人英雄时代已经结束，群星闪耀的时代已经来临。群星可以共存，就是因为共识。从《第一滴血》到《复仇者联盟》，从《007》到《碟中谍》，危机不是由一个孤胆英雄来抗，而是一个团队合伙奋战。

电影、现实、同流、共流、核心皆为共识，共识的根本是因为信念，信念显现价值。

视频 10　共识机制：加持连接，统一方向

为什么领导力的英文为 Leadership？为什么说百年修得同船渡？就是因为共识。能走在一起，并不是目标相同，而是有共识。扫码看视频，告诉你打造共识机制的三大要素。

第9章

育才机制

育才机制是固化合伙人的连接。通过九大原则、三大路线，制定晋升机制。通过胆识、学识、思维意识打开学习之门，三个双向通道制定成长路径。通过三大语境、五大要义、六大步骤，提升演说能力，教化万方，让人前行。

本章教你：

▶ 9.1 职位晋升

▶ 9.2 能力提升

▶ 9.3 演说升级

如果把种子呵护在掌心，就是对种子最彻底的抛弃；如果把孩子呵护在掌心，就是剪掉孩子的翅膀；如果把员工呵护在掌心，就是废掉他的武功。培育种子，只有施肥、浇水、灭虫、除草，所有生长、开花、结果都不能参与。野蛮生长，只需浇水。如何浇水，这不是小事，这是大学问。

（1）浇凉水还是浇热水。

许多人对待自己的孩子，对待自己的员工，苦口婆心地劝导、劝诫，对方没有任何成长，不仅不理解，还反感。这就是在“浇热水”，没任何效果。

（2）浇枝叶还是浇根。

许多人都忙着浇枝叶，却不浇根。孩子成长，不是暑假学几个技能，而是心智的成长。员工成长，不是背几句话术，学些礼仪和套路，而是心智的成长。

（3）干枯浇还是定时浇。

许多人都是看到干枯了才使劲浇一次水，这就是下猛药。公司对员工培训，一口气2天培训，1天拓展训练，试图一次“浇透”，这完全是形式主义，没有培训到根。

由此看出，浇水就是育才。育才不是呵护、劝导、训斥，而是赋能、培训、搭平台，一切在潜移默化中完成，违背自然规律的生长，结了果也是小果。育才表现在三大方面，即职位晋升、能力提升、演说升级。

职位是晋升机制。能力提升与竞合机制不同，竞合是被动让人成长，能力提升是主动培育。演说是人一生都要强化的能力，是人的第一生产力。晋升是人与职位的连接，能力是人与绩效的连接，演说是人与人共识的连接。

9.1 职位晋升

孩子涨工资让家人放心，孩子拿奖金、奖杯、奖章让家人开心，孩子晋升让家人骄傲。孩子在大城市工作，什么公司不重要，担任什么职位对父母来说很重要。父母介绍孩子，具体做什么事情说不清，但职位说得很清楚。所以，从父母养育的角度，晋升最关键。

职位与组织架构有关，架构不同，职位不同。小公司组织架构简单，职位晋升少，一个萝卜一个坑，离开一人就招一人。大公司组织架构复杂，职位晋升多，人员可以随时补位，随时晋升。所以，从公司发展的角度，晋升最关键。

职位由组织架构而来，组织架构由组织战略而来。组织如同大厦，每层都有不同的布局和结构，每层都有不同职位和人才。给每个职位制定行动规则，规划发展空间，进行岗位赋能，这才是职位的价值和意义。否则，又回到“屁股决定脑袋”的时代，只想为晋升而晋升，不想用晋升提升个人价值。所以，从人才培育的角度，晋升最关键。

晋升机制，从思路开始，制定晋升规则和晋升步骤，最后像游戏一样无限升级。

9.1.1 晋升思路

晋升机制首先区分开职位与价值的关系。

《分配机制》章节讲到新时代的四大分配之经历分配，为人才设计经历，包括设计一条晋升路径，晋升路径越长，合伙越久。晋升路径越难，合作越紧密。

新时代，并不是股权到位，人就到位；并不是金钱到位，人就感恩；并不是工龄很长，人就增值。晋升表面升的是职位，实质是升的是价值。

职位不代表价值。职位是一种头衔，公司不同，职位相同，价值完全不同。别人公司的营销总裁，可能是你公司的营销主任，工作内容其实一样。

职位不体现价值。有人不惦记职位，但愿意提升价值。有人只想升职，攫取提成，不在乎价值。有的职位没有晋升空间，但有价值空间。例如各种工人，海底光缆的维护人员，路桥建设的水泥工，航天与太空的研究人员，一个岗位一干就是30年，心中确实没想着升职，只想着如何提升技术。这是有价值的一群人，是社会需要的一群人。我们有许多基建专利，就是他们长期奋斗在一线而发明的。

职位不代表执行力。升级以后，执行力未必就会提升。职位是外力驱动的力，价值是内力驱动的力。

外力驱动，一鞭一动；内力驱动，无鞭自动。内驱力决定人能走多远，合伙多久。

9.1.2 晋升规则

职位晋升有九大原则，这是晋升机制的基础。

1. 市场化原则

职位是人与职位的连接，不必讲人情、讲关系、讲套路，一切以市场化为原则，以结果为导向，只要符合既定的规则就晋升。不要因为感动而升职，不要因为亲人而升职，但是举贤不避亲。

2. 价值观同步原则

价值观同步又有能力，晋升使用，股权留人。价值观同步能力弱，培养使用，期权留人。价值观不同步但有能力，用好能力，定好分配机制。价值观不同步但能力弱，见习使用，或者弃用。

3. 头衔激励原则

岗位是定量，头衔是变量。许多头衔是为了激励，为了更好地达成共识而设计。例如，“首席学习官”“首席运动官“，是某一方面的项目负责人，手下没几个兵，更没有专门的部门，但这样的晋升会形成自驱力，产生强大的价值。

4. 水涨船高原则

每个人都可以组建团队，依据公司晋升规则，完成自我的晋升。例如，自己招兵买马，手下一人晋升为主任，自己就晋升为经理。团队有两人晋升为经理，自己就晋升为总监。当其中一位经理离职或降级，自己随之而降。这其实是10年前最好的晋升制度，凡是直销行业，无一不采用这样的晋升原理。

5. 破格化原则

每个职位有明确的责任说明，但并不要拘泥于说明。例如，市场部经理职位说明，“需要5年经验，4级英语水平，本科学历”。这是给外部求职者看的“条件”，并非价值条件。当市场专员能力达到，并且为公司做出了卓越贡献，人品、事品都到位，就可以晋升为市场部经理。这晋升并不受经验不够、学历不够、英语不好影响。

另外，与本职无关的职位，同样可以破格化晋升。现在企业都是跨界竞争，5年经验都不重要，就怕拿着经验，不思进取，保守固化，那还不如没经验。

6. 卡位化原则

卡位有三层意思。一是适合的人到适合的职位；二是能者上，弱者下；三是能上能下，像“卡”字一样。

升职、降职、平调的标准，必须提前定好，职位变动，没有怨言，按机制执行。唯有卡位，才能保证公司活力。

7. 赋能原则

职位晋升，必先赋能。因为赋能，职位晋升。赋能表现在“小马拉大车”，小马发挥潜力，担当大马的职位。世界500强企业，高层职位都不是同一个工种晋升。任何一个CXO，随时都能接任CEO。任何一个CXO离职，CEO都可以暂代，这就是公司对高层人士赋能的原因。

8. 公平原则

晋升必须体现公平、公开、透明的原则。不同晋升，进行不同展示。例如，新员工试用期转正，在月度会议上说明；经理升为总监，在季度会议上说明。并且设置一个晋升仪式，颁发晋升证书。激励晋升者，同时激发其他人的欲望。

会后，将照片呈现在文化墙上，同时以公司名义感谢其父母，将晋升场景与感谢信、贺卡、礼品、礼金一同寄给家人，这是二次宣传的价值。

9. 见习原则

晋升职位可上可下，考核通过就留下，未通过就降职，是不是有些残酷？有点儿戏？有没有更好的办法来解决？

那就采用见习原则，每个级别晋升，先进行见习。例如，主管晋升经理，先晋升为见习经理，通过见习考核成为正式经理。未能通过考核，就继续“见习”，如图9-1所示。

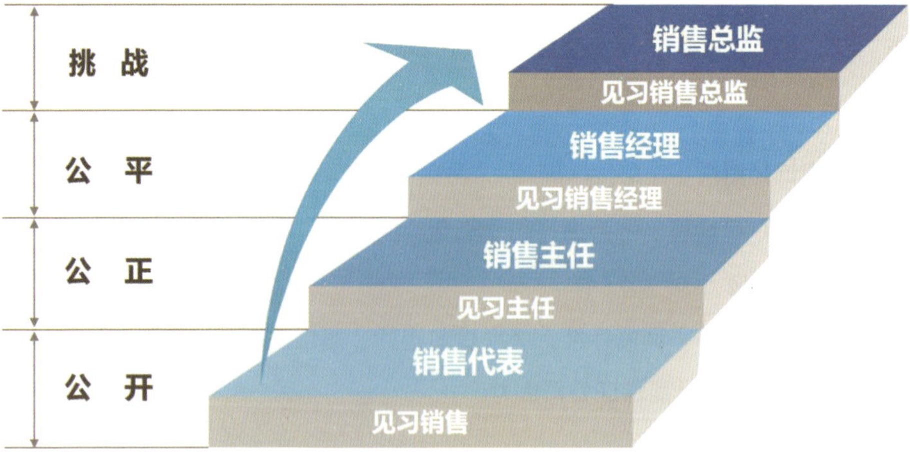

图9-1 见习原则

见习制有三大好处，一是取代副职，不设置“副主任、副经理、副总监”等职位；二是起到缓冲作用，相互适应的过程；三是见习职位可以使其更好地成长，以适合正式职位。

见习者可以代表正式职位行事，有对等的培训、辅导、赋能。例如，见习销售经理要参加销售经理会议，但不享受正式职位的薪酬与分成。

9.1.3 晋升步骤

一个组织要设计三条晋升路径，一条是效率型路线、一条是效益型路线，一条是效能型路线。面对新生代员工，设计出像卡牌游戏一样的晋升路径，效果远胜于期权机制，可媲美股权机制。

1. 效率型路线

表现在技工类岗位。这类岗位非常务实，实力不代表实权。头衔如研究员、助理工程师、工程师、高级工程师、教授级高工。一般来说，技工类岗位只升不降。在卡牌游戏中，这类是加血型、辅助型选手。

2. 效益型路线

表现在销售类岗位。这类岗位需要拼搏，一分努力一分收获，用员工能力换取市场业绩。这类岗位按阶梯式晋升，头衔如见习主管、主管，见习经理、经理，见习总监、总监，见习副总、营销总监、营销总经理等。在卡牌游戏中，这类是攻击型选手。

3. 效能型路线

表现在管理岗位。这类岗位按螺旋式晋升，尤其大集团的岗位，一边历练一边晋升。例如，总经理必须亲自操刀过一个国外市场，读过工商管理硕士，至少会讲一门课程。要为别人赋能，首先要学会演讲。由此看出，管理型职位晋升没那么容易，需要综合能力，能打市场，能带班子，还会讲课。在卡牌游戏中，这类是魔法型选手。

公司岗位一旦确定，晋升机制马上生效。必须像设计游戏一样，至少三条升职路线，让攻击型、辅助型、魔法型人才都有机会晋升，获得更大的价值，这就是职位晋升的底牌。

由此可知，把股权当命脉讲课的，根本不懂分配；把升职当命脉讲课的，根本不懂管理；把赚钱当命脉讲课的，根本不懂增值。

可以预见，未来的组织一定是共识型组织、配合型组织、区块链型组织，并且取代现在的狼型组织、学习型组织、金字塔组织。

9.2 能力提升

能力是人与绩效的连接，一边恨铁不成钢，一边怕磨刀误了砍柴工。任何企业都会面临一个难题，是先培育人上岗，还是上岗直接磨练。许多人到此会有一个精辟的答案——看情况而定。

凡是二元循环的难题，讨论都会成争论。到底是“努力一定会成功”还是“努力不一定成功”？反正没事闲着讨论“成功”的人，都不太成功。所以，必须以道运行，以二生三，才可以解决二元对立的问题。下面就通过“三识”来解决能力提升的难题。

（1）胆识。

敢于培育员工，然后让员工创造绩效，先付出后回报，是胆识。让员工成长，是企业发展最快的办法。企业第一成本就是未培训的员工，他们正如没有雕琢的玉。过去的管理者，经常担心下属超过自己，结果一级不如一级。新时代，成长无上限，一代更比一代强。

（2）学识。

给员工分钱，然后让员工拼命干活，这是老板的学识。前几年流行低底薪高提成，零底薪高提成。现在的微商，先花钱提货，什么级别赚什么差价，这是学识。

有学识的人，善于玩套路、善于算计，尤其善长做N级梯队提成。每到月底，财务部出现疯癫状态，就是提成太复杂。这是学问过剩的表现。

（3）思维意识。

用梦想吸引人，用分配留用人，用机制驱动人，这是思维意识。

没有以上三识的管理者，从来不想理顺思路，总是妄想把人管好。“管人”本就是过时的学问，谁愿意被人管？许多管理者，只要把自己关在空调房里，就一定会设计出新制度，一个制度没结束，又制定一个新的，以此来刷存在感，彰显自己的权威。

拥有以上三识的管理者更加危险，敢于成就员工，敢于分配，还有思维意识，企业随时可能一飞冲天，人才涌进，被注资、被控股、被并购。

所以，能力提升从三识开始，建立成长通道，找到成长之门，设计成长路径，让全员成长，使组织强大。

9.2.1 成长通道

成长有三个双向通道，如图9-2所示。

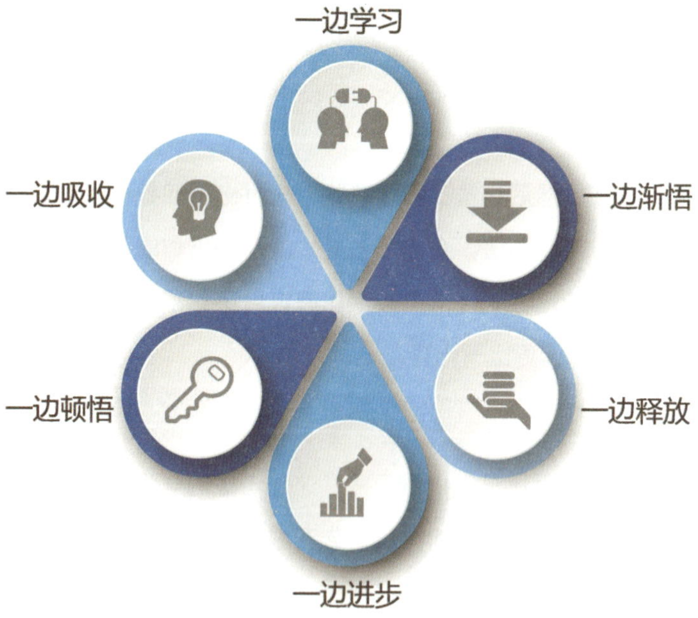

图9-2 成长的三个双向通道

1. 一边学习，一边进步

职能类、职业类、素养类的岗位，都是一边磨刀，一边砍柴。白天砍柴，晚上磨刀，随着时间的流动，熟能生巧，半年不见，感觉这个人已经脱胎换骨了。这类岗位的知识，不在西方管理书籍，不在名师课程，不在百科全书，而是在每天夕会的分享中，在项目分析中，在客户办公室里。

2. 一边吸收，一边释放

人的潜能就是在吸收和释放之间激发出来的。小学有一道数学题说，有一个水池，一边进水，一边出水，问这个水池什么时间可以注满？很多人拿这道题调侃，其实这是一个成长示范，吸收与释放同时开始。

一边写书，一边看书；一边制造，一边创造；一边约束，一边激励。吸收不分内外，人人为师，内部同事、领导、前辈，都是学习的对象。释放不分内外，人人分享。

3. 一边顿悟，一边渐悟

神秀加六祖的修行模式。财富在哪儿？天天想，想不到。有一天去玻璃桥走一圈，突然想通了，原来恐惧、新鲜、刺激也是商机。有人几天没见，突然发现他变了，一打听，原来出差了，明显进步了。许多事情就是如此，天天想，天天做，做到一个拐点就通了。所以，顿悟、渐悟不会单独存在，而是存于一线，拐点就是顿悟。

这三个通道都是同时进行的，学习在不知不觉中，变革在不知不觉中，机制在不知不觉中起着作用，这样就会出现一条平滑的战略线。凡是刻意而为，最后就是出现一段一段的折线。每个转折点，都有人才动荡、业务动荡、财务动荡。了解这个思维，才可以深层次了解“知行合一”的精髓。

9.2.2 成长之门

学而时习之，学了还要练习，练会再教会别人，整个过程不断复习，这是学习的四个法门。

1. 学习

学习的核心是学对知识，学对知识比学到知识更重要。之前看书学习，现在听书、听课、听音频学习，这样学习效率是提高了，但容易学偏，举例说明如图9-3所示。

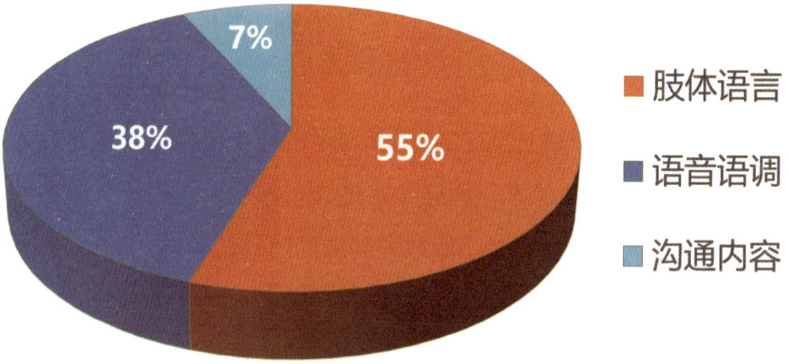

图9-3 过时的沟通语言结构

我至少见过100位老师引用这个知识，什么领域的老师都有在讲，而且奉为圭臬。图9-3的意思是，沟通语言中，身体语言占55%，语音语调占38%，实际说出来的内容占7%。真是这样的吗？

这是早年由美国传播学家艾伯特·梅拉比安提出的，当时是什么环境？美国励志学盛行的时候，那个场景，台上说什么都不重要，重要的是如何激情地说，改变语气，疯癫演绎，感染大家。

时至今日还在引用，环境已经不是那个环境了，人们已经非常反感这样的表达方式了，如果一个人真的很成功，为什么还要像小丑一样疯狂？每次提到演说，我都会强调像正常人一样说话，讲正常人的话，不要再回头玩技巧。现在演说逻辑最重要，这三个元素的占比都在下降。

学错这一个模型，每天都在浪费机会。只要还有这样的演说，所推广的理念和产品基本上没有保证。

2. 练习

练习就是实践。如何把饭做好，就是反复练习，练多了就会了，练到出神入化，就可以当大厨了。用一根橡皮筋扎头发，都可以扎出一个百万市场来，是因为把橡皮筋练到了出神入化，随意几下变化出一个发型，而且在日常中非常适用。

赚钱、花钱也需要练习。许多人没经历过一百万，哪天手中流过一千万，心中会怎样想？会不会有什么意外的想法？如何想都正常，因为没经历过这么多钱。

带团队没炒过人，如何识别人？炒多了就知道要用什么人，是用自己喜欢的人，还是用对公司有用的。是用机制炒人，还是按情绪炒人，这些都是练出来的。

3. 教习

要成长，先分享。教导他人也是一种学习，许多人因为教导别人，把自己的思路也理顺了，最终变成了自己的知识体系。

教习的核心是带动，别人不听你在说什么，主要是看你在做什么，如图9-4所示。

图9-4 教习的过程

懂得教习的时候，就有资格做经理了。在教习过程中，演说能力非常重要，这是下一节的内容。

不教而战谓之残，不懂产品就去开拓市场，会泯灭员工的信心，还会摧毁客户的信心。崇尚砍柴的经理，会把斧子损坏，把员工“练走”，把客户“气跑”。

4. **复习**

习就是复习，主要体现在复盘、反思、精进。复盘就是在事情结束后，将整个过程再次推理一番，从中总结出方法策略，以便用到一下个项目中。下围棋要复盘，做项目必须复盘。

日精进不是日日思、夜夜思，也不是写出自己的成长语录。日精进是一个学习回路，一个事情经过，一个意念闪过，马上捕捉，写出来叫日精进。这是真实感受，如果刻意写就会成为文学。

日精进以天为单位的成长路径，以月为单位的月精进，以事为单位的是事精进。例如，见一次客户精进一次。

反思是一种力量，电影中凡是英雄获胜，都是靠反思的力量。先被打残，然后反思，原力觉醒，打败对手。所以，一个人懂得自我反思就是成熟的时候，懂得运用反思的力量就是成为英雄的时候。

我们如何成为英雄，如何反思，总结四条路径，如图9-5所示。

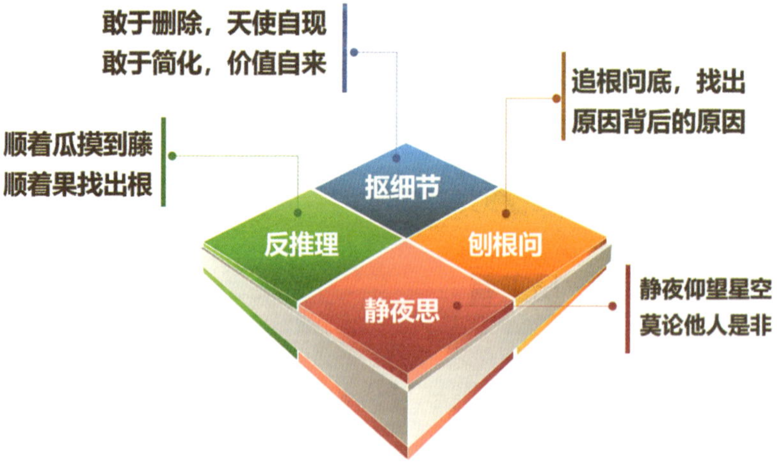

图9-5 反思路径

（1）抠细节：适合设计者和研发人员。不断抠细节，看哪个细节可以改进，哪些内容可以改进，哪些元素可以删除。删除到极致就能成为爆品，人删除到极致就能生发任何机制。

（2）反推理：适合逻辑思维强的人。从事情产生的结果，推理产生的原因，进而通晓事情的全过程。

（3）刨根问：适合沟通能力强的人。追问别人自己哪里没做好，追问自己哪里可以做得更好。凡事问3个回答就能找到改进的地方，问7个回答就能找到事物的本质。

（4）静夜思：适合安静的人。夜深人静时，思路开阔时，半躺在椅子上，对着夜空进行反思。最好是用高倍望远镜，会看到宇宙的浩瀚，看到自己无比渺小。感受到宇宙苍穹的能力，感受到自己的能量。这是连接宇宙的过程。

9.2.3 成长路径

成长是0到100的过程，0表示起点，100表示终点，两点之间有六个节点，每个节点要设计一个学习机制。

0~0.1——萌发学习阶段：

0点萌发学习欲望，开始主动学习的时候，买书看书、搜索资料、查询资料、询问别人，这种学习劲头是一个人最有价值的时候，这种学习劲头也是非常可爱的，要珍惜这种感觉，不用太多约束，野蛮学习一段时间。

对人最大的伤害就是禁止别人进步。

0.1~1——向下扎根阶段：

就像种子发芽，找到突破口时，开始向下扎根，扎根才能成为参天大树。这个阶段是脑力风暴的时候，会有许多奇思妙想，会运用本源的力量。但这个时候要学对东西，扎对根。例如，学习成功不是听别人总结名人，而是要看100位名人的传记，看他们都做了什么然后才走向成功的。

总结的内容不外乎是坚持、执着、野心、不怕失败。事实上，名人成功来自于母亲的教导、家庭的责任、老师的批判。

1~3——举一反三阶段：

道生一，一生二，二生三，三生万物，这个“生”就是“举一反三”。

看到树落黄叶，知道秋天到了；看到报纸免费，知道纸质资讯终会消失；看到一个人头衔放满整个屏幕，什么协会发起人、集团董事局主席、白手起家、几千亿捐款，知道这种人讲话压根不着边际；看到公司书柜落满灰尘，知道人们已经不喜欢看书了。

看什么，化解什么。看到别人的成果，知道成果的来源。看到问题，想到三条机制。

3~100——林秀于木阶段：

企业成为集团，一定会筹建企业大学、商学院、研究院，将知识总结沉淀，向下传递；平行传递；对外传递。这时的成长是一边主动，一边被动；一边零碎，一边系统。

这个阶段培训要设计好机制，新生代员工渴求的知识与过去完全不同，喜欢的学习途径也完全不同，不能用GE的克劳顿商学院方式培育，要让课程与竞合机制、积分机制、约束机制、共识机制挂钩，与智能技术结合，这样学习才会如虎添翼。

100~1——百战归来阶段：

打拼市场，开拓市场，转眼就是一年，必须百战归来再学习。这时的学习不限于上MBA，可以复习，可以教习，把实战内容分享出来。一可以自我沉淀，二可以形成“前人种树，后人纳凉”的学习文化，三可以培育内部讲师。

只要这种学习力在，公司面对任何转型，哪怕遇上颠覆式毁灭，都可以重新来过。因为有内部传承，内部造血的能力。为什么许多公司可以跨界发展，就是因为有这么一群能人“百战归来”。

1~0——心态归零的阶段：

站在山顶要去另一座山，必须下山；学到一定阶段会迷茫，必须归零。人的一生大约会遇上七次归零。

主动归零，回归原点，回到初心。把已知的删除，把陈旧的资料、过时的数据、发黄的书籍扔掉。把不用的家具、衣服扔掉，把不交往的朋友，没用的交际删除，给大脑留出空白，重新学习。无需珍惜资料，没什么知识是搜索不到的。不用在意人脉，你好了自然有人连接你。不用纠结经验，就是因为老方法太多，才被新方法击倒。

被动归零，有人上了巅峰出事，有人有了钱就变坏，有人上市就套现，有人遇到问题就算命，有人听什么都当真，不得不归零，重新来过。

与其被动归零，不如主动归零。

9.3 演说升级

演说有多重要，用一句话来形容——重要到无法形容。

万千江山，毁于一张破嘴（一语定江山）。三千佳丽，抵不过一句叹息（帝王有时很无奈）。语重心长，应付不了一句“不想听”（迷糊之时，不知道自己要什么，说什么也是无奈）。苦口婆心，就怕一句“说完没”（你真心好意，对方并不领情）。许多时候，语言改变不了对方，劝诫不了对方，更改变不了心情，必须在特定的情境中，才能产生效果，达成共识。

体验到语言不是全部，就触摸到语言的核心——无力感。当我们知道语言有时很无力，很无奈，很无用，语言的魅力就显现出来了。

所以，演说升级，并不是增加内容，而是减少内容。许多时候，话多就没用了。演说升级，并不是升级语言结构，而是升级语境。演说升级，并不是强化技巧，而是升级思维逻辑。具体升级，与本书写作逻辑一样，分为心法、想法、做法。

9.3.1 演说心法

职业、商业、事业，所有的连接离不开三大语境。

第三语境：让人放心

大多数沟通，就为了让对方放心。这类讲话方式需要气势，语气坚定，内容绝对。例如，“大不了重来”” 敢拼命，敢玩命“”只要有你们在，就可以东山再起“。

这种语境，听起来霸气，只能安抚一时，只是匹夫之勇。这种语境背后，是二元对立思维，非黑即白，非多即少。小老板经常用这种语境，降服新员工，安抚老员工，连接新客户，嘉许老客户。

第二语境：让人相信

让人相信的话，没有霸气，没有极端表达，反而是非常简单的家常俗话。

我们的父母讲话，没有技巧，没有修饰，点滴之间流露着相信。与父母对话，随意抽取10句话，拍成一个短视频，都可以煽然泪下。

“回家吃饭，妈给你做了小时候爱吃的……”“天冷了，多穿点”“春节不回家，你怎么过”“不用担心，妈很好”。

这种语境，直达心房，直接与心连接。许多老板在内部会议上，客户答谢会上，用父母口吻讲话，员工全然接受，客户全然感受。如果讲企业明年增长多少，利润提升多少，还停留在第三语境，让人放心的阶段。显然，让人放心，其实是人们不太放心。

第一语境：让人心定

让人心定的语境，会绕过相信的阶段，直接获得别人的追随，激发别人的梦想，赋能于大家。

这种语境，从容淡定，不急不躁，言辞笃定。大家在一起讨论未来，比的就是谁的心定。谁让人心定，谁可成为当下领袖，也叫筑梦师。

与筑梦师对应的是碎梦师，也叫未来恐惧师，通过谈论未来，制造恐惧，憶测危难，齐人忧天，让人不定。泡沫、崩盘、秒杀、淘汰，是他们常用词汇。把人吓得不淡定，就开始推销产品，减肥、整容、药品、保健品，就是这样的推销套路。会销讲师，就是未来恐惧师。会销底牌，就是让人不定。

如果台下有几个人非常淡定，讲话的人马上心虚了。

可见，语言需要在特定场合，才可以产生效果，这就是语境升级。另外还有五大演说要义。

第一要义：一言为定。

关键时候，一句话，就可以让人心定。例如，“跟我来”“刷我的卡”“就这么定”。

否定，也是定。否定，是另外一种定。开会，尤其是决策会议，无非就是讨论定与不定的事。最怕就是讲“不一定”。有人专门讲“不一定”的话，让会议时间多了三倍。还有人专门教人说“不一定”的话，让你明哲保身，不得罪别人，让决策失误大了三倍。

逛街买衬衫，旁边有一个专说“不一定”的人，你购物的时间就多了三倍。点菜时，有人点“随便”，点菜时间就多了三倍。

如何练习定，首先要学会数字分析，数据推理，将数据生成柱形图、饼形图、折线图，几番分析之后，心中就可以定了。心定了，一言就行。

第二要义：一个方向。

连续剧《亮剑》第一集，有一个场景，李云龙骂道：从哪撤退不是撤退！

从这句话可以看出李云龙的智慧，内心有定，外形无章。这句话可以看他的能耐，其他剧情都是注解。撤退不是打败仗，而是换一个方向继续前进，保存实力再战。

读万卷书，为的是看到一个方向。行万里路，为的是求证那个方向。阅人无数，为的是看清一个方向。名师指路，为的是指一条明路。自我顿悟，当然是找到出路。

说话，无论是哪个角度，都是给人一个方向，让人前行，让人明理，让人开悟，或者让人开心。给不了具体方向，就是给一个让对方坚定寻找方向的方向。

第三要义：一个共识。

前文《共识机制》篇章，讲的是通过机制达成一个共识，通过共识达成一个机制。说话的要义，就是为了共识。

有了共识，才会有领导力。领导力，就是共识的语言。领导力是翻译过来的词，原文的意思是Leadership。Leader是领导，ship是船，大家在同一条船上，目标未必一致，但方向绝对一致，这就是领导力。

所以我常说：这是我的船，这是我的团，这是我的错，这三个字，意在共识。

第四要义：一语中的

语言是内心的释放，内心想要表达的真正意图，别人未必能理解。我们生活中，至少一半语言会产生歧义和误会。在台上讲话，内心想要表达的，听众能吸收一半就不错了。

必须一语中的，将说话的内容分框分章，分节分段，每个小段有重点。重点内容，可以重复表述，这样才能保证听众能连上。让人连接的语言，一语中的，直达根本，不需要太多新概念。许多人说赛道、蓝海、定位，这是根本还是概念？显然都是一种比喻。新时代，没有一条专用的赛道，更不存在没有竞争的蓝海，定位的底牌也不是定“位”，而是时代定、时间定、时空定。

第五要义：一气呵成。

一气呵成的语言模式，如同一堂课程。要将课程讲好，必须一气呵成。要气呵成，必须在课外下功夫。台上三分钟，台上十年功，这个功指的就是台感，十年才可以磨练出台感，站在台上，像一把宝剑，剑锋所指，自带光芒。

没有台感的说话模式，出不了宝剑的气质。磕磕绊绊，不能一气呵成，听众思绪会随之而断。所以，说话必须遵循流畅的要义，是为听众流畅，也为自己思维流畅。

功夫在诗外，剑道在剑外，商道在商外。显然，说话之道在说话之外。所以，讲多是无奈，讲少是本事。说话的功夫，是思维逻辑的升级。思维逻辑升级，离不开以上五个要义。

9.3.2 演说想法

演说的方式不外乎两种，一是可以交互的语言，一是无法交互的语言。以下用两个金字塔来阐述。

无法交互的演说方式太虚、太假、没有主题，如图9-6所示。

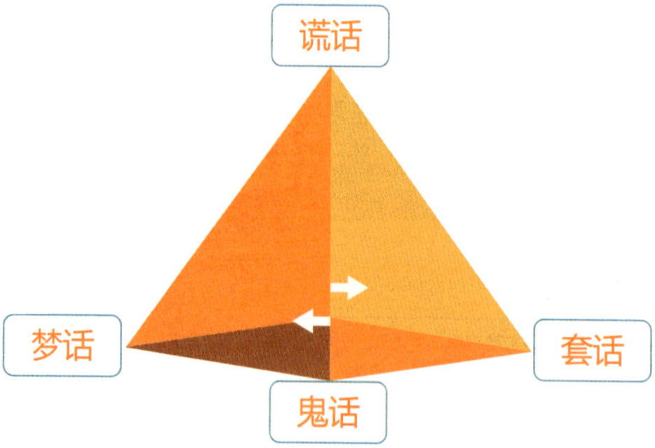

图9-6 无法交互的语言

1. 无法交互的语言

（1）谎话

说没有结果、没过程、过时的话。讲传闻，把别人的话嫁接在一起。如将1956年美国的管理方法用在今天，然后导出今天的结论。

谎话和假画、假酒、假名牌一样，就是以假乱真，骗人相信。

（2）梦话

寄托、情怀、空谈的话，没有时代感的话。例如，如果有什么条件，可以达成什么结果，然后画饼推演，骗人骗己，如梦幻泡影。又如《七维领导力》，用七个要素拼在一起，这就是幻想需要的领导力。六维领导力，九维领导力，都是梦话的原理，多一维少一维没有差别。

（3）鬼话

说鬼话是天然性的，只要有条件，极大多数人会说鬼话。女人看家本领是撒娇，男人看家本领是撒谎，看家本领一出，爱情就来了。所以，鬼话有时也非常有用。

我们有时为了和客户产生连接，会耍一点手段，说一些鬼话，但也是出于真心。例如，财务说要报税，您能结一下款吗？（对方按约定打款，我们又何必说鬼话）。

（4）套话

水分过多，在外围旋转，循环往复，进不了核心，切不入主题的话。

套话比谎话、鬼话更可怕，说了等于没说，听了等于没听，浪费着彼此的时间。套话的威力最可怕，让人延迟觉醒，不能交互。例如，一边用产品，一边骂产品。主动提一个话题，别人提出不同意见，再反过驳斥、打压、辩护，好多老板就用这样的套路，套到别人的真话。

可以交互的语言，是让人放心、让人相信、让人心定的话，如图9-7所示。

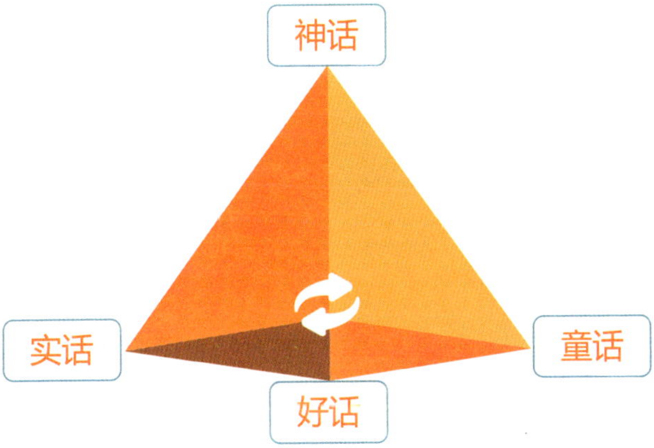

图9-7　可以交互的语言

2. 可以交互的语言

（1）实话。

实话就是有根源、有内容、有推理、有数据、有真实体验的话。实话的表现形式，首先就是凭心而论，不用“最”“第一””终极“这些极端的词。人的成熟表现之一就是讲大实话，讲自己过去就像讲别人故事一样。不成熟的表现是，讲自己的过去，或悲或喜，或对或错，哪怕是实话，也给人不真实的错觉。

与人交互要讲实话，不用“假如”“可能”“也许”“我不确定”这些停摆的词。要达成共识，用事实论证，用数据分析，用时间推演，实话实讲。

过去发生的用实话，未来未发生也是用实话。例如，春天果树开花，施好肥、松好土、浇上水，开花会早一星期。这是事实，这是实话。

（2）好话。

好话就是好好说话，让别人相信，让人行动，让人改变的话。俗话说，“良言一句三冬暖，恶语伤人夏犹寒。”这里的“恶语”是实话，但不是好话。因为加了情绪，才会伤人。好话未必是实话，在场景里是实话。

小品里，有老生有小生，各有各的话术。好演员入戏，能融入剧中，有带入感。不会演的痕迹太重，观众看得出戏。例如，本是要演公交车上让座的小事，一上车非要“给观众朋友们拜年了……“这场景是公交车，哪有“观众”啊?

生活中，好话一般是一问一答的形式，为了连接，讲好话让人舒服、开心、心定。

（3）童话。

童话是7岁以下儿童讲的无意识的话，对新世界探索的话。童话更容易实现交互，建立连接。教育孩子并不是非要扣着事实、数据推理，而是进入孩子的场景去沟通。

童话的表现之一就是让人忍俊不禁，听了想笑。例如，问孩子西瓜有多大，小孩子两手一抱，表示大；问桔子多大，孩子的两个小手一合，表示小；问汽车多大，孩子的两个手展开，表示非常大，这就是童话。大人听了感到“可笑”、“夸张”、“无知”，但正好反映了大人的无知。

童话的另一种表现是“皇帝的新装”，揭露事实，引发思考，避免偏误的话。如果开会有人讲鬼话、谎话，现场没有童话，最后就是越说越假，越说越没谱，越说越停不住。如果会上经常这样讲，这公司还有什么意思？职场少不了童话，否则无法直面事实，无法发展。

（4）神话。

神话就是让人身不由己，无法抗拒的话，如神灵一样的话。这种话一讲出来，直接形成语境。就像烧水一样，1℃与99℃本质上是一样的，都没有烧开，都没说到位。神话就是直接100℃的话，一步到位。

例如，一起吃饭有的人会抢着买单，说一大堆“理由”。讲神话的人淡淡一句“已经买了”了事。高手买单，根本不会给你掏钱的机会。

再如，参加聚会各种笑话、童话、鬼话，把气氛搞得很热闹。但没有讲神话的人，人们就会一直说到没话，然后大家都低头看手机（从前是大眼瞪小眼）。讲神话的人淡淡一句“就到这吧”，然后就散场了。

神话一出，人们连附和都不用，直接跟着走。反过来看，神话其实是最简单的话，简单到无法形容，用一个“神”字来表达，就像老子用“道”表达万物一样。

9.3.3 演说做法

演说的做法就是具体话术，一针一线的练习。下面列举六不要，以及六个操作步骤。

（1）不要“催眠式”语言，产品不好才会催眠、蒙人、骗人。只要产品好、价格真、服务真，客户就可以产生连接，然后买单。

（2）不要“说服力”语言，例如“和尚卖梳子”、“卖冰箱给爱斯基摩人”之类的故事；又如“木桶理论”、“温水煮青蛙”之类的理念。这些事必须真实体验。

（3）不要喊麦，例如，“掌声鼓励一下”、“好、很好、非常好”，吵架才会喊。老式菜市场比嗓门大，西红柿要坏了，喊的最响。相声学徒总是一惊一乍，而相声大师总在谈笑中完成节目，让人沉浸其中，乐在其中，徘徊沉迷其中。

（4）不要一课打天下，一套话术走江湖。知识付费为什么会风靡，就是挤掉了水分，许多名师在知识付费和短视频面前折戟沉沙，因为讲台上的客套在手机上不管用了。未来，两倍速播放会成为主流。一旦适应倍速播放，就适应不了正常速度的播放。

（5）不要用“最”、“第一”来描述，这样的话如同狗皮膏药，贴上很舒服，扯下来就是一层皮。说话要像精油，涂在身上，哪里发热、发红、发烫了，说明那个地方有病变了，帮你舒筋活络，用完还能自然风干。

（6）不要一逗到底，说个没完。说话就像卫生纸，没事少扯点；说话就像牙签，够用就行。杂草多的地方庄稼少，空话多的地方智慧少。

在交互过程中，形成连接，达成共识，还需要六个步骤。正所谓：六爻知马力，日久见人心。这也是演说的六个步骤，六个拐点。例如。6小时交互，每阶段1小时，每阶段的内容也不同。

第1小时，了解阶段，刚刚碰面，互相问候。

第2小时，渗透阶段，三五成群聚在一起交流，嬉戏打闹。

第3小时，热闹阶段，说话开始不三不四，热闹非凡，笑声四起。

第4小时，疯癫阶段，气氛推升到最高峰，合影留念，这个阶段来得快，去得也快。

第5小时，回落阶段，笑声慢慢消失，回到三五成群，各说各的。

第6小时，厌烦阶段，话说没了，各玩各的手机。

没有童话和神话，整个流程就是从无聊开始，又从无聊结束。人们不太愿意参加各类聚会，就是第四阶段把握不好，非要经历后两个阶段才结束。明明没意思，98%的人还憋着不说。所以，演说是场景的产物，童真才是润滑剂，神话才是杀手锏。

职位晋升、能力提升、演说升级，都是向上的引力，整个育才体系就是引力方式。约束体系是推力方式，这两个体系合在一起是教练思维，让人前行，从“说到”到“做到”，不偏离轨道，并且养成新的习惯。

视频 11　育才机制：与人赋能，固化连接

斌字何意？能文能武，使用价值。赋字何意？就是发现价值。育才不是简单的使用人，而是赋能与人，并且赋能于己。扫码看视频，探寻企业人才培育的赋能之道。

第10章

落实机制

定为中轴，落实连接。一语定乾坤，一念定方向。定在一个方向才可以前行。心若定，由内而外生发机制；心不定，鞭策难行。定与不定，每一步都需要语言开路，引领别人，同时化解毒心、毒言、独行、独裁。

本章教你：

- ▶机制的确定
- ▶机制的不定

唐僧与孙悟空，区别在哪？孙悟空手中一根定海神针（金箍棒），定的是信心，是主动定。头上戴着一个紧箍咒，定的是规矩，是被动定。无论主动与被动，都是孙悟空内心不定。最后他取到经书，被封为斗战胜佛，金箍棒还给东海，紧箍咒自动脱落，此时内心已定。而唐僧，自始至终，心定在取经，毫不动摇。

英雄与枭雄，区别在哪？不是实力，不是野心，而是心“定”在哪里，定在江山还是私欲。定的地方不同，产生的结果也不同。枭雄的野心一点都不小，但枭雄往往刚愎自用。英雄，定着大家的心，获得大家的追随。所以，英雄枭雄，往往就在一线之间，一念之间。

女人与男人，区别在哪？智能时代，女人男人，不是性别与分工的区别，而是心定在哪里。女人要定男人的心，是定他的身，还是定他的胃？男人要女人的心，是定在她的美，还是定在她的朋友圈？显然，新时代的家庭，定的都不是这些，而是双方的共识，双方的价值观，双方的事业。其他，没有区别。

这就是定的力量，一语定乾坤，一念定方向，人定能胜天。所谓“人定胜天”、“天定胜人”，不是陈述句，人一定能胜天，天一定能胜人。这是误解，而且误导了好多人，误导了很多年。这里的“定”，不是“可以”的意思，而是一个动词，一旦“定下来”，人能胜天。天，当然也不是指天空，而是当下的道。

众人定在一个方向，是一个和谐环境；团队定在一个方向，是一个默契环境，不需要刻意约束的环境；老板定在一个方向，是胸怀境界；家庭成员定在一个方向，是家风。家风，就是家庭的共识，家庭的天，这是三代才可以培育出来的道。

谋定而后动，定了之后可以持续走下去。动而不定，一生浮躁。动与不动是外相，定与不定是心境。心若定，马上心动；心不定，鞭策难行。心定可以解决精神和文化的问题，心不定，任何方法、机制和工具都无法解决动能问题。

定与不定，决定机制的效果。心动，无需激励。心不动，怎会全力以赴？

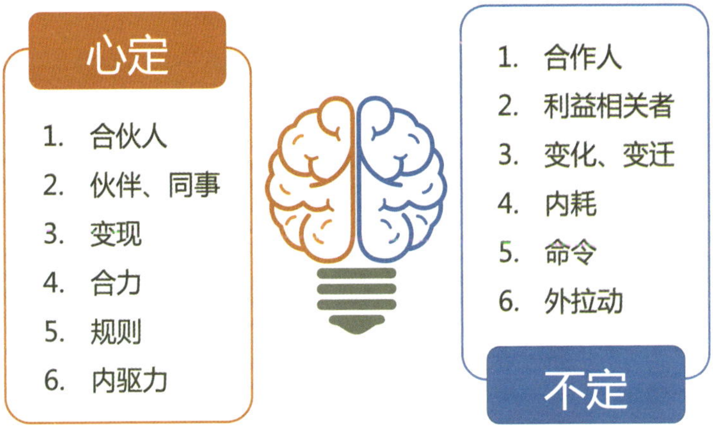

图10 1 心定与不定

10.1 机制的确定

新机制定的是四个元素的关系，这关系都与“机”有关。既是机制，也是机率、机会、机手、机器人。四个元素综合，才可以决定心定与否。心定金字塔，如图10-2所示。

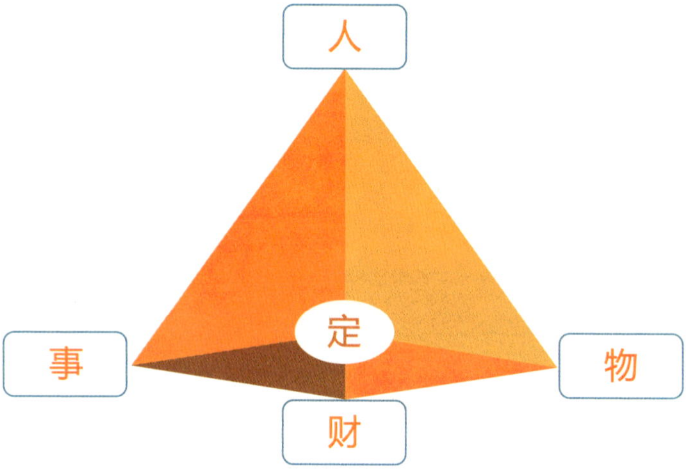

图10-2 心定金字塔

（1）定人。

定心，就是连接自己的发心，心中升起信念。信念是行动的发动机，梦想的驱动器，机制的加速器。信念就是相信之后天天念。信念是从相信开始到万分相信最终形成了信念（百分相信是共识）。

在演说时，传达的就是信念，念出自己相信的，给观众坚定的信念。自己都不相信，讲少了会胆寒，讲多了会心虚。

定心，就是定在自己的立场。立场决定我是谁，而不是志向决定我是谁。机制站在自我立场，还是站在公司立场，又或是站在产业立场，实施效果完全不同。如果立场一致，就会产生一种效应——这是我的船，这是我的团，我的也是你的。

（2）定事。

定事，就是心与事相连接，也就是事情。心没与事连接，就是个事，就是空情，空情的结局就是空悲切。心定在事上，就会产生原始动力，原始欲望。

看一个人做事的风格，可以看出人品。人品代表事品，事品反映人品。“刻意练习”“10000小时理论”说的就是通过做事，把自己定在价值上。通过做事，把事情做好，把标准提高，不做爆品不罢休。

没心，永远处在找事的状态。没状态、没发挥好、紧张，就是没心。有心，时刻在线，时刻念叨着事，为事操心。例如，宜家家居的设计师，把匠心定在设计上，大多数时间以消费者身份体验生活，小部分时间完成设计，30年如一日。

事小，定不住高手；事大，定不住小人。定未来就是事业，定现在就是买卖。心停必生恨事，闲来无事生非。事在人为，心想事成。这就是定事的底牌。

（3）定物。

定物，就是把物定下来，具体定在三个地方，即定位、定功效、定连接。

1）定位。就是产品在客户心中的心智模式，简单来说，就是客户选择产品的原因，这是务虚的定。产品一出来，首先找定位，定位决定产品是什么。找到市场的空白，也可以反过来研发产品。

2）定功效。超市里，竞争最大就是饮料，类目繁多，有解渴的、激爽的、怪味的，功效不同，选择不同。又如，洗发水各有各的功能，有去屑的、焗油的、顺畅的、提亮的、防干枯的，需求不同，功效不同。

3）定连接。用产品连接客户，唯有爆品才可以产生连接。人们会因为一个产品，选择一个系列的产品；也会因为一个产品，拒绝一个系列产品，最后对整个公司的产品失去信心。产品没有私欲，只要产品不好，任何营销理论都无法立住阵脚。

（4）定财。

定财，就是定下人与钱的关系。财散人聚，财聚人散，说的就是人与钱的关系。

财不好定。前几年呼吁老板分股份，守住团队，老板不当回事，有钱不分，有人离职才试探着分，要么分给“自己人”体验一下分股的乐趣。现在，股权类课程、咨询、方案越来越盛行，老板又想学分钱之术，其实已经没什么钱可分了。

定财，就是定在财商和境界上。企业内要传递的是“多劳多得，少劳少得，不劳不得”“一分耕耘，一份收获”的机制，要让员工明白，工资是公司给的，提成是市场给的，只要大家共同服务好客户，赚钱是顺便的事。不要计较一时得失，只要心定，自有钱分，这是财商，也是境界。

定人、定事、定物、定财，都是定心的媒介。四定合一，即可定心。心定在人上，马上可以定出哪些人可以影响，哪些人可以引爆、触动、刺激、感动、关爱。心定在事上，马上可以定出哪些事苦劳第一，哪些事功劳第一。心定在物上，马上可以定出产品策略，让产品找到用户，让用户找到产品。心定在财上，马上可以定出人的欲望，激发人的动力，化解人的阻力。

组织中，有两个人心定在一处，就可以产生默契；三个人心定在一处，就能达成共识；七个人心定在一处，就可以创业，开创全新的场。破译黑泽明，就明白七人组织，力量是无穷的。

10.2 机制的不定

定与不定，都是人之常情，人之本性。人一生就活在定与不定之间，人的修行就是减少定与不定之间的摇摆。

国学教人用“不确定”为人处事，说“不确定”的话明哲保身。但真人时代来临，开不确定的会，做不确定的事，怕得罪人讲不确定的话，那人还有什么前途，企业还有什么发展？

下面来看一下不定的威力，它就是四定金字塔的反面——不定金字塔，如图10-3所示。

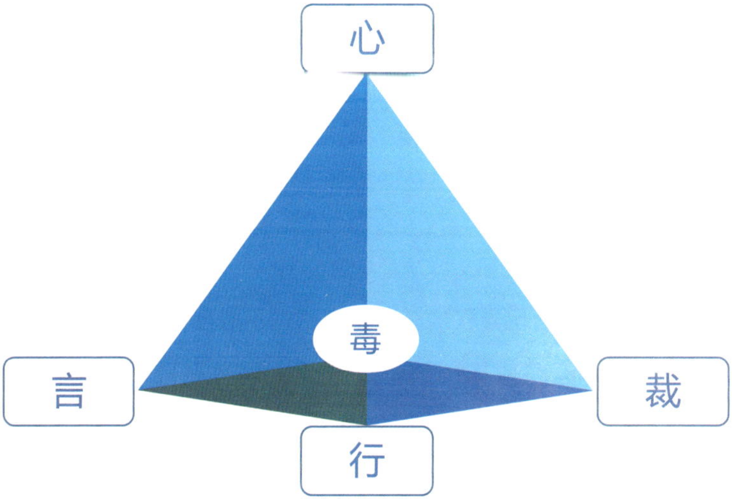

图10-3 不定（四毒）金字塔

（1）毒言。

毒言就是释放负能量，说消极之言、对抗之言、倒退之言、泄气之言、破场之言、幸灾乐祸之言。为了图一时之快，什么话都敢讲。

《羊皮卷》中有一段话：我该怎样说呢？我赞美敌人。敌人于是成为朋友；我鼓励朋友，朋友于是成为手足。我要常想理由赞美别人，绝不搬弄是非，道人长短。想要批评人时，咬住舌头，想要赞美人时，高声表达。飞鸟，清风，海浪，自然界的万物不都在用美妙动听的歌声赞美造物主吗？我也要用同样的歌声赞美她的儿女。从今往后，我要记住这个秘密，它将改变我的生活。

这段话，已经道出语言的真谛。想提升语言技巧，每天早上读羊皮卷。

（2）毒行。

毒行包括独行，与团队格格不入。表现在破坏性行为，背叛约定，制造矛盾，故意拖后腿，出卖公司机密，誓言不承认，凡事不全力以赴。毒行还表现在欺骗自己，哪怕是害人，也是不利己的害。

有毒行的人，不学习，讨厌学习，或学错知识。例如，总是学习别人总结的“成功法则”，每年100万人听比尔·盖茨的成功故事，有一个因他而改变吗？

如何破解毒行？一是把简单的事情重复做，重复的事情快乐做，做到极致，做到出神入化；二是把时间排满，闲不下来，如此一来，坏人也没时间做坏事，没时间考虑邪门歪道。

（3）独裁。

独裁就是独揽权利，玩弄权术，不授权，也不敢授权。

独裁者只相信自己，对人永远保持怀疑，听风就是雨，不相信合伙人，不相信合作者。但相信竞争对手，总觉得别人都是可信赖之人，喜欢挖角，挖来以后，一旦融入公司，马上又不相信。

独裁者，还有一个特点，即使有合同也没有契约精神，随时会违约。

（4）毒心。

毒心就是祸心，没品德，没人味。

有毒心的人，管不住嘴（毒言），管不住手（独裁），管不住腿（毒行）。有毒心的人，会释放毒言，独行独裁。凡事从自我出发，无利不起早，不吃眼前亏。有毒心的人，用心机。遇到问题就辩解，还到处寻求理解。有毒心的人，没诚信。他借你钱时说尽好话，要他还钱时，他反而会高傲地说："借钱是本事。"

定是机制的核心，定是由内而外生机制。至此明了，不同的人，需要定出不同的机制。

定与不定，处在对立面。增加一分定，也会增加几分不定。事情越大，责任越大，不确定的要素也越大。动力越大，阻力也越大，唯有共存，才可以前行。

佛家讲"戒、定、慧"，是修行的三重境界，因定而戒，因定而修，因定生慧。因定生慧，就活在静心状态。重大决策一定要在静心状态下，决不在冲动之时做决定。心定之时，不执着于"定"，做事不疾不徐，谋定后动，外在平和，无需煽情。

视频 12　机制之定：交给连接，马上行动

如何定心，如何定人，如何讲定的语言获得追随？扫码看视频，为你解读企业机制的终极目的——定的智慧，智慧的定。

附录

机制之器

机制最后一步就是形成器，思维工具化，工具思维化，就是成器的过程。本书配套视频、动漫、海报、小程序、公众号，让机制落实到底。

本章教你：

- 思维工具化
- 工具思维化

十年磨一剑，只为这一刻。十年来，不断有人问我，讲了这么多，能实现吗？我笑而不语，把内心世界写出来了，实现的方式不外乎就两种，即思维工具化、工具思维化。

心中有一个想法，哪怕是挂一个相框，都需要钻一个孔，都需要工具来实现。哪怕剪指甲、涂指甲油都离不开工具，这就是用思维造出工具。

事实上，我们要的是结果，往往不是工具本身，不要锤子，不要钉子，不要指甲刀，而是要美的感觉，所以工具只是暂时使用，要将工具化成思维。微信小程序的封装思维，就是随用随开，不用收起，多个入口，短小精悍，不占空间，小程序是工具思维化的典范。

机制的最后一环，也是封装成实用、易用、随时调用的工具。要什么结果，就找什么工具；要什么工具，就找什么机制；要什么机制，就用什么思维，机制是思维工具化的典范。

思维工具化、工具思维化，这两化，就是落地的底牌。

思维工具化

思维工具化，就是用以致学，就是教习。

工具的打造，需要三张图，即思维图、效果图、施工图。

越是好用的工具，思维图越重要。为什么我们代工总能制造出精品，畅销全球；自主生产，总出山寨品，缺的是什么？就是缺心眼，底牌是缺思维图。

1. 思维图

思维图也叫意念图，似图又不是图，是将无形的思维描述出来，一般是手工画在纸上，画在会议室白板上的草图。例如，绘制产业结构图、战略规划图、新品迭代图、人生导航图等。

思维图的核心就是一个字——化。看到工具就想到设计思维，看到思维（包括课程、书籍、节目）就想到落地工具。将思维化到行为中，将行为化到习惯中，将习惯化到血液中，这是人一生都需要的修为。

为什么可以教导人，因为有导师梦，导师的第一思维，就是“化”的思维。企业能发展，人才能增值，产品能创新，得益于“化”的思维。本书就是“化”了车轮与漩涡的结构。

2. 效果图

效果图也叫逻辑图、规划图，是建立框架，形成系统的具像图。无形的思维，有形的效果图。效果图是精心绘制在纸上，或者绘制在电脑上的图。效果图如同盖楼，规划好后不可更改，否则就要边建边拆。

思维导图不是思维图，是将一个点进行发散，延伸出多个点的效果图。机制的效果图，就是把机制的实施过程画出极致，具体有以下几个步骤。

（1）思维具像化：将零碎的思维点写在白板上，或者将思维整体分解成块，再分解成点。

（2）具像关系化：找出关键点之间的关系，再找到它们的从属关系。

（3）关系连接化：将关键点连接起来形成关系图。最终的逻辑关系，穷尽了差不多就是对比、环绕、交叉、阶梯、扩散、放射、分解、上升、下降、循环、展开、整合、合并、混合，这时依然是草图阶段。

（4）连线导图化：将连接内容形成导图，常见的有三角形、金字塔、五角形、多边形；流程图，表格，阶梯。著名的麦肯锡思维、金字塔原理、鱼骨图、甘特图，都是将关系梳理成导图，一目了然。

（5）导图简洁化：最后简化导图，不多一个字，不多一条线，不多用一个颜色，简洁的导图才适用。如果导图不简洁，说明关系还没有梳理清楚。

（6）简洁呈现化：将导图呈现在各个端口，手机端、PC端、各种屏幕端，并且贴在文化区。

效果图的制作，不限于呈现机制导图，还适用于逻辑图、模型图，组织架构图。本书中所有思维、原理皆来自于以上这几个步骤。

3. 施工图

施工图就是操作图、说明书，具体按部就班的操作、一条一条执行的步骤。反之，施工图如果做不到一步一步，一条一条，结构明晰，操作也会有阻力，有误会，有漏洞。施工图必须做到以下三点。

（1）图像化：将操作步骤，再拍摄成视频、漫画、动画。尤其是关于“人一事”的机制规则，用图像表示，看起来省时省力省心。例如，深圳地铁的提示信息都是拍成视频，并且用卡通形式，传导地铁安全知识。

（2）导视化：将操作形成简洁符号，贴在各个关键位置。尤其是关于“人一物”的机制，用导视化，让物归到该去的位置，不浪费物资，节约时间。

（3）成长图：机制导图一定要与人相关，人最感兴趣，还是身边的人，无论是晋升图、赚钱图、组织架构图，只要表述出“人—钱”关系，机制就有加倍的效果。

工具思维化

工具思维化，就是学以致用，是思维形成工具，是行为落地之器。思维成器，需要以下四变。

（1）变异。如细胞一样，一代一代升级，越变越好。软性的工具如阿米巴、变形组织、独立运算。硬性的工具如黑科技产品，正在替换着现有的物品。

（2）变形。如变形金刚一样变化，如乐高玩具一样组合。家电成套就是变形的结果，现在小米供应链（米家）已经完成。

（3）变频。所有电子产品都通过变频完成进化，手机越来越快，越来越智能，就是手机中的元器件频率变了。

（4）变幻。就是变魔术，变的是视觉，不是产品本身。IMAX-3D、全息投影就是变幻的技术。

可见，经过以上四变，工具的升级无上限。用工具造福人们的生活，就是工具的妙用。

机制到最后一步，就是落地。用什么落，用“器”。什么事情只要推不出方法论，推不出行动步骤，推不出器，都是白忙一场。

器有四口，分别为入口、接口、关口、风口。我站在中间，说大一点的话，这个过程就是成器的过程。大一点的话，不是大话，不是犬话，而是主动一点，先行一步，照见未来的话。

未来就在眼前，过去无法重来。以定于心，合道法术器于一体。走进新时代，引发新机制。

视频 13　机制之器：落地连接，呈现价值

万事万物开始落地操作，必须形成器。就是找到“四个口”，中间“犬语”警醒人们，不容丝毫错误。扫码看视频，告诉你机制落地的工具，工具如何落地机制。